幸福成就明天

幸福明天系列丛书

北京明天幼稚集团

幸福型组织建设的理念与实践

北京出版集团
北京出版社

图书在版编目（CIP）数据

幸福成就明天：北京明天幼稚集团幸福型组织建设的理念与实践 / 雷海环主编. — 北京：北京出版社，2021.12

（幸福明天系列丛书）

ISBN 978－7－200－16937－9

Ⅰ. ①幸… Ⅱ. ①雷… Ⅲ. ①幼儿园—办学组织形式—海淀区 Ⅳ. ①G619.281.3

中国版本图书馆 CIP 数据核字(2021)第 271653 号

幸福明天系列丛书

幸福成就明天

北京明天幼稚集团幸福型组织建设的理念与实践

XINGFU CHENGJIU MINGTIAN

雷海环　主编

*

北京出版集团
北京出版社　出版

（北京北三环中路 6 号）

邮政编码：100120

网　　址：www.bph.com.cn

北京出版集团总发行

新华书店经销

北京建宏印刷有限公司印刷

*

710 毫米×1000 毫米　16 开本　16.25 印张　210 千字

2021 年 12 月第 1 版　2021 年 12 月第 1 次印刷

ISBN 978－7－200－16937－9

定价：65.00 元

如有印装质量问题，由本社负责调换

质量监督电话：010－58572393

《幸福成就明天：北京明天幼稚集团幸福型组织建设的理念与实践》

编 委 会

主　　编　雷海环

编委会成员　杨　吉　佟　磊　郝建玲　付　鹰　陈艳宇
卢　红　白　杨　黄丽娜　张媛媛　郭　蕊
李　霄　王　琮　陈　璨　张寒昀

鸣谢

于 欣　马 欣　马艳军　王 卉　王 丽　王 彩　王 晶　牛歆华
卢雪纯　邢 军　刘天贞　刘光洪　刘杏湄　刘 哲　刘 娟　刘博涵
汤汭溦　李晓玲　李 萍　李 雪　李 磊　吴景春　邱玲子　沈一蒙
张 齐　张春红　张洁琪　张笑雨　张潇萌　张 慧　周爱京　赵 菁
袁 静　徐天婷　高树凤　郭 伟　郭 莉　唐亚彬　唐晓媛　曹 培
韩 雯　甄红新　谭 峥

前言

PREFACE

北京明天幼稚集团（以下简称“明天集团”）成立于1995年3月25日，是中国首家集团化办园机构，最初由北京市海淀区十所良莠不齐的社区幼儿园组成。作为海淀区八大教改实验项目之一，明天集团承担着探索区域学前教育集团化办园改革的重任，曾经开创了公办学前教育改革发展的多个第一。

从2015年开始，在雷海环总院长和集团新一届领导班子的带领下，全体明天人开启了二次创业，全面梳理总结集团化改革的经验与问题，坚持立德树人的根本目标，提出了“教育高地、文化高地、幸福高地”的共同愿景，凝练出“求真、立美、至善”的明天精神，创造了幸福型组织建设新模式，开启了幼儿园全面文化管理之路，将“精、细、实”的工匠精神渗透至教育管理全过程，谱写了明天事业的新华章。

经过二十多年的发展，明天集团共有十九所直属幼儿园和三所新体制幼儿园，近一千名教职工和五千多名在园幼儿。直属幼儿园均为北京市示范园和北京市早教示范基地。2019年，明天集团与中共中央对外联络部合作开办了北京中外友好幼儿院，在北京市怀柔区开办了北京明天幼稚集团怀柔分园，这两所园所的创办开启了集团多元发展的新模式。2020年，明天集团按照海淀区全国科技创新中心核心区的需求，承办了北京市海淀区实验幼儿园，开启了明天教育在海淀科技核心新区的发展历程。

明天集团二次创业的辉煌成果已经初现，明天人已经站在了新的历史起点上回顾历史、展望未来。

作为明天人，我们时时刻刻提醒自己要不断地自我检视，去发现问题、分析原因和优化方向。

于是，产生了这本书。

本书对明天人开创幸福型组织建设的动因、历程和措施进行了比较全面的梳理，是全体明天人智慧的凝结和展现。

我们会通过体验、反思和对话的方式，展示出明天人是如何以行动学习为重要的工具、方法，来推动幸福型组织建设和幸福教育发展的！

目录

CONTENTS

求真

至善

第一章　幸福在明天相遇

为人类的幸福而劳动，这是多么壮丽的事业，这个目标有多么伟大！

——圣西门

明天集团在前二十年的发展历程中，以“立美”作为组织发展的根本目标与主要内容，强调了明天人对美的追求。2015年，雷海环总院长和集团新一届领导班子提出了“幸福”的概念，将实现幸福作为全体明天人共同的追求目标，从而拉开了幸福教育理念下集团化综合改革的序幕，创新性地在学前教育领域开启了幸福型组织的建设。

明天集团的幸福，就是近千名明天人在2015年这样一个新的历史起点上的相遇！

我们认为，明天集团选择了幸福，幸福也选择了明天集团。这是幼儿园集团化改革在新时代的必然选择，也是全体明天人对学前教育的新认识与新理解。

今天，如果说明天集团这些年的成就主要得力于全面文化管理道路的创新，那么，幸福必然是这个全面文化管理道路的指引。

教育的三问三答

要使孩子成为有教养的人，第一要有幸福感及对世界的乐观感受，教育学方面的真正的人道主义精神就在于珍惜孩子有权享受欢乐和幸福。

——苏霍姆林斯基

任何教育都必须要界定清楚三个问题：培养什么样的人？怎么培养人？为谁培养人？第一个问题说的是目标，第二个问题说的是教育的主客体之间的互动，第三个问题说的是教育的主客体的关系定位。明天集团再创业，也面临着同样的三个问题需要解答。只有想清楚这三个问题，明天集团才能把握方向和目标。

培养什么样的人

新时代学前教育的任务是什么？从国家层面来讲，立德树人是根本目标，要促进幼儿健康和谐的全面发展。从明天人的视角来看，则是要培养兼具民族情怀与国际视野的未来国际公民。

这就牵涉到幼儿的心理、认知、习惯、能力等各方面的具体教育目标，按照《幼儿园教育指导纲要（试行）》和《3~6岁儿童学习与发展指南》，这些目标又被划分到了语言、科学、艺术、健康和社会五大领域中。但能不能找到一个简单的关键词来概括？明天人选择了“幸福”这个既常见又深刻的词语。

怎么培养人

有家长曾提出："幼儿园教育弄那么复杂根本没有必要，我们当年没有上过幼儿园，现在不是照样成才吗?"这样的质疑是否有道理？我们的观点是，幼儿教育对幼儿今后的成长是至关重要的。

幼儿教育主要指的是对3~6岁年龄阶段的幼儿所实施的教育，幼儿教育是学前教育或说早期教育的后半阶段，前面与0~3岁的婴儿教育衔接，后面与初等教育衔接，是一个人教育与发展的重要而特殊的阶段。"重要"指的是它是一个人发展的奠基时期，许多重要能力、个性品质需要在这个时期培养；"特殊"指的是这个阶段是儿童身心发展从最初的不定型到基本定型，转而可以开始按社会需求来学习并获得发展的过渡时期。

幼儿的思维多以具体形象为主，因此，教师或家长在引导幼儿学习时应让幼儿慢慢由被动变为主动、积极、创造性地学习。在幼儿教育中应注意以下问题：

一是创设愉快宽松的心理环境，保持并不断发展幼儿的好奇心。皮亚杰曾说过，"儿童就是科学家"。这句话的意思是，儿童天生对这个世界具有强烈的好奇心，他们渴望探索和了解这个世界。而事实上，幼儿也正是通过自己的探索活动获得了对世界的了解和认识。在幼儿学习科学活动时，教师首先要为幼儿创设宽松、愉快的心理环境，保护幼儿的好奇心。当幼儿的回答与教师的预想结果不同时，我们要尊重并努力寻求幼儿的真实认识及其来源，支持和鼓励幼儿的探索活动。

二是尊重幼儿的好奇心，激发幼儿对学习的兴趣。物理学家爱因斯坦曾经说过，"兴趣是最好的老师"，兴趣是动力，幼儿有了浓厚的兴趣就会主动去求知、去探索，并在学习时产生愉快的情感体验，教师要积极培养幼儿对周围事物的认知兴趣以及爱护自然、保护环境的积极情感和态度。幼儿爱思考，有无数个疑问，教师要给予幼儿适当的刺激，使幼儿的思维活跃起来。月亮为什么有时圆圆的，有时弯弯的？秋天树叶为什么会落下来？种子为什么会发芽？汽车的轮胎为什么是圆的？……这些幼儿身边所能接触到的现象，是幼儿通向科学海洋的航船，而兴趣则是航程的向导。

三是随机教育是不可缺少的科学探索方法。幼儿在日常生活中，经常出现一些偶发事件，教师要抓住机会，对幼儿进行科学的引导，从而寻求问题的答案，帮助幼儿发现其中蕴含的科学道理。比如，在一次户外活动中，幼儿发现许多蜻蜓都飞得很低，“为什么会有这么多蜻蜓？它们为什么飞得这么低呢？”幼儿对此非常感兴趣，教师可以引导幼儿讨论这些问题，帮助幼儿理解蜻蜓低飞和天气的关系。

四是把握时代发展的脉搏，扩展科学教育内容。幼儿在成长中会不断地接收大量信息，因此在内容的选择上要符合幼儿的认知发展水平，贴近幼儿的生活；同时要关注和尊重幼儿当前的兴趣和需求，顺应幼儿发展的需要，适当安排体现时代特征和现代科技的有关内容，让幼儿初步认识现代科技，知道科技是不断发展的，会给人们带来更多的方便，以扩展幼儿的视野，满足幼儿探索科学奥秘的欲望。如“神奇的电脑”“能干的机器人”等内容，都可以带幼儿一起体验。

幼儿园教育可以帮助幼儿早一些打开认识世界的窗口，为他们今后的学习活动打下良好的基础。幼儿的第一任老师就是自己的父母，父母是他们生活中不可缺少的生活模型。将幼儿培养成才需要国家、社会和家庭的共同努力。家庭中的一切都是教育，并且伴随人的一生。幼儿时期是一个人良好行为习惯培养的关键期，老师和家长现在怎样教育幼儿，未来他们就会成为怎样的人。一个良好习惯的养成，需要长期的坚持不懈。对于刚刚离开家庭的幼儿来说，幼儿园里的这段时间是培养他们良好生活习惯的关键时期，在这个阶段，幼儿极易接受外界刺激而形成牢固的认知，这成为其第二天性。习惯成自然，多培养幼儿一些好习惯，对其今后的学习和生活是非常重要的。总之，在进行幼儿教育时，无论是家长还是教师都要从实际出发，贴近幼儿的生活，符合幼儿的年龄特征，充分调动起每位幼儿的积极性、创造性，鼓励幼儿大胆地进行操作、尝试，敢于幻想，并激发幼儿追求科学的欲望，使幼儿在认知、情感、语言、身体、社会等方面得以全面且充分地发展。

幼儿期是人的生理、心理发展的关键时期。为幼儿成长提供必要的条件，给予幼儿必需的保护、照顾和良好的教育，将为幼儿一生的发展奠定重要的基础。学前教育已在世界范围内受到了普遍关注，许多发达国家积极采取措施，优先发展学前教育，在普及学前教育和提高学前教育的质量上做了很多投入。学前教育与幼儿发展有着密切的关系，它们之间存在着一个相当复杂的相互依赖、相互制约的动态发展过程。学前教育的教育工作者只有在了解了幼儿的发展规律后，才能选择最适当的教育方法，对幼儿进行有的放矢的教育，而适当的学前教育又能促进幼儿的健康发展。

教育的最终目的不是传递知识，而是让受教育者以知识为工具理解生活、创造生活，并不断地追求生活的意义，人在这个过程中获得物质和精神的满足感，产生丰富的幸福体验。因此，教育在于促使个体获得幸福体验，提升幸福意识，发展幸福能力。幼儿教育应当使幼儿幸福，幸福既是教育的最终目的，也要贯串于整个教育过程。幼儿教育是以全面启蒙、全面奠基为导向的教育，它作为教育的有机组成部分也具有双重价值，即工具性价值和内在价值。

学前阶段是幼儿神经系统迅速发展的敏感期，这一时期的教育对幼儿发展起着重要的作用，也是其发展智力、潜力的必要条件。学前教育是对学前幼儿进行教育的过程，实施适合幼儿发展的、有目的、有计划的教育，可有效地促成学前教育与幼儿发展的协调与联结，形成相互制约、相互影响的互动关系。幼儿如果能在学前教育中得到很好的发展，那也就为他日后的学习奠定了基础。

我国古代就很重视学前教育。《易经》中有“童蒙养正”的思想，强调了要对儿童进行早期培养和启蒙教育，在幼儿期开始人生观和价值观的培养。

随着社会经济和科学技术的不断发展，对幼儿进行学前教育已越来越被人们所重视。幼儿的学前教育是一个全面的、系统的教育，智力开发、艺术启蒙及幼儿行为习惯的培养一个都不能少。

因此，将教育目标设定为“幸福”，是对学前教育内在要求的精练的概括。

为谁培养人

为谁培养人？当然是为国家和民族的伟大复兴培养新时代的人才。幸福的中国梦，当然要由幸福的中国人来创造和实现。明天集团的幸福指向必然是追随党和国家对教育的根本要求，勇于承担历史职责和社会责任，为实现未来幸福社会夯实基础。

在学前教育阶段强化“幸福”，是帮助幼儿在未来实现幸福的人生，从而构建幸福的社会和国家。

历史机遇就在眼前

任何教育改革要想有成果，必须要抓住历史的机遇。国家对学前教育的高度重视，国家市区学前教育三年行动计划的落实为明天集团提供了二次创业的可能。如果说明天集团的第一次创业源于二十多年前北京市海淀区基础教育领域的那次翻天覆地的改革，那么，明天集团的第二次创业，则源于新时代教育背景下的又一次机遇。

入园难和入好园难

随着社会对学前教育关注程度的不断提高，现有幼儿园数量与质量和人们对幼儿园的需求之间产生了较大的矛盾，主要表现为优质园所相对较少、幼儿“入园难”问题等。

投资与收益怎么看

教育经济学的研究表明，在学前教育阶段的教育投资收效最大，远远超过此后的任何一个阶段。因此，从国家层面来看，重视学前教育，正是加强新时代人才建设、推动社会经济发展的重要举措。

家庭是教育的决定力量

从家庭角度而言，家长们已不满足于自己的孩子上一所好的小学，望子成龙、望女成凤的希望被大量前置到了学前教育阶段。如何能让孩子上幼儿园、上好的幼儿园，成为社会普遍关注的民生问题。优质的幼儿园，一定是国家、社会、家庭共同努力的结果。

新时代催生新气象

党的十八大以来，我国学前教育事业快速发展，资源迅速增多、教育水平大幅提高、管理制度不断完善，“入园难”问题得到有效缓解。但同时也要看到，由于底子薄、欠账多，目前学前教育仍是整个教育体系的短板，发展不平衡、不充分等问题十分突出，“入园难”“入园贵”依然是困扰老百姓的重要民生问题。主要表现为：学前教育资源尤其是普惠性资源不足，政策保障体系不完善，教师队伍建设滞后，监管机制不健全，保教质量有待提高，存在“小学化”倾向，部分民办园过度逐利、幼儿安全问题时有发生。《中共中央　国务院关于学前教育深化改革规范发展的若干意见》提出：学前教育是终身学习的开端，是国民教育体系的重要组成部分，是重要的社会公益事业。办好学前教育、实现幼有所育，是党的十九大做出的重大决策部署，是党和政府为老百姓办实事的重大民生工程，关系亿万儿童的健康成长，关系社会的和谐稳定，关系党和国家的事业和未来。

学前教育处于综合改革的重要历史阶段，国家和社会对学前教育提出了新时代的发展要求，要求幼儿园必须从组织体制、文化建设、团队成长、保教优化等各方面进行自我革新和发展，要求必须紧跟时代步伐，找准事业目标，增强发展动力，创新内涵因子，不断提高组织发展的能力。

找到教育的根本因子

百年大计，教育为本；教育大计，教师为本。

在社会经济快速发展的过程中，教育事业受到国家和社会的高度关注，幼儿教育同样如此。幼儿教师作为幼儿教育的具体实施者和幼儿成长的启蒙者，其本身的水平不仅影响着幼儿园的发展，同时也影响幼儿的教育成长情况。学前教育质量的影响与许多因素有关，在学前教育中，幼儿园承担着巨大的责任，教师是幼儿的榜样，他们会在不知不觉中影响幼儿的思维。幼儿园教育是幼儿教育的初级阶段，对幼儿的成长起到关键性作用。而幼儿园教师是幼儿园最重要的组成部分，同时肩负着教育、守护幼儿的责任，他们对幼儿而言既是教师又是家长，对幼儿的行为规范、知识技能、观念等方面的建立具有引导和启蒙作用。因此，作为家庭之外与幼儿最亲密的接触者，幼儿园教师的言行会对幼儿的心理、生理发展产生很大影响。

因此，抓教育首先是抓教师培养，抓住了教师培养也就是抓住了教育的根本。我们的改革，就是深度挖掘教育的幸福因子，将其灌注于教育发展的过程，塑造幸福的教师，从而实现幸福的教育。

激发教师的工作热情

教师职业情感与教师职业道德之间有着不可割裂的活动联系。在当今幼儿园的师德师风建设中，我们可以利用道德形成的心理机制，从激发教师的职业情感入手，引导教师热爱生活、热爱教育事业、关爱幼儿和专注于自我发展，从而为师德师风建设建立牢固的情感基础。

社会心理学研究发现，对个体成功而言，情商远远要比智商重要得多。因此，情感在教师职业过程中的应用是至关重要的，如果说教师的教学技能是教师必备的硬件实力的话，那么情感就是教师提升自身教学效果、教育质量的软性实力。尤其是在学前教育阶段，由于教育对象心智发展尚不成熟的特点，教育过程中教师职业情感的参与，不仅影响教师的职业体验感，而且对于幼儿的成长也有着直接的影响。

鉴于教师职业情感与教师职业道德不可割裂的关系，幼儿园的师德师风建设只有在不忽视教师职业情感参与的情况下，才能真正起到提升教师职业道德素养的实际效果。情感和道德都源自人们生活的需要，人类不能脱离生活而空谈情感和道德，因此情感和道德的养成自然也离不开社会生活这一大的背景。情感最大的源泉就是生活，只有对生活充满热情的人，在工作和生活中才会精神饱满、充满朝气、积极进取；而幼儿园教师面对的是对世界充满无限好奇的幼儿，在他们的世界里，没有成人世界的纷扰与烦恼，幼儿教师需要调整自己生活中的不良情绪，精神饱满地投入到工作中，才能满足幼儿丰富和热情的情感需求。因此，幼儿园师德师风建设要从最根本的生活层面做起，关心每一位教师的生活，发挥集体力量，使每一位教师都能感受到幼儿园职业大环境的温暖。尽管每一位教师都会经历生活的困扰，但他们可以在幼儿园大家庭中得到慰藉和支持，他们能够不断靠近集体，从集体中获取积极向上的力量。这种工作热情自然会投射到教师的日常工作中。

引导教师对教育事业的认可

“热爱教育事业”不只是教师职业宣传的口号，也是教师在日常的工作过程中践行的行为准则。要做到这一点，光喊口号是不行的，幼儿园应该从帮助教师深刻理解教师职责入手，进一步提升教师的教育理论素养。

古今中外，教育事业为什么受到如此多的重视？尤其是当今世界，越是文明发达的国家，越是重视教育在社会发展中的推动力量。因为教育不仅是关系到国家未来发展的大事情，更是直接关系到每一个家庭、每一个人的未来。从系统论的观点来看，教育是联系国家和家庭、个人的枢纽工程，而从事教育工作的教师便是这一工程上的衔接点，每一位教师在工作上的表现将会直接影响到每一个个体的生活及未来成长，决定着未来社会人员的成长方向和素质，间接决定着未来社会的国民质量。因此，高度认同教师职业所承担的社会职责，对于教师理解教师职业的意义、唤醒幼儿教师的职业认同和热情、树立观念意识起到很大的作用，它是教师积极投身教育工作的动力源泉。

引导教师切实关爱幼儿

教师职业情感集中地表现在对幼儿的关爱方面，这是最能体现一个教师在其职业情感和工作态度方面优劣的地方。关爱幼儿既是教师职业情感的表达，也是幼儿充分接受教育影响、丰富自身情感的源头。

师爱，究其根本，源自人类社会普遍的种族繁衍的根本需要；在国家层面，是国家、社会对未来一代的关爱。这种普遍的、原始的舐犊之情进入幼儿园的职业环境，即表现为教师暂时放开对自己子女的关爱，将其他家庭的子女作为自己的关爱对象。而这又与一般的舐犊之情有所不同，关爱的范围由少数几个转换为以班为单位的全体学生，甚至全校的儿童。这就需要教师有大爱和博爱情感，表现在日常的职业工作中，即为教师的情感能够公平地奉献给其接触的每一个幼儿，使每一个幼儿都能够获得成长过程中充分的情感支持。

帮助教师发展自身

专注于自己成长和完善的人才是热爱生活、对生活充满热情的人。他们可以为了成长甘心付出、呕心沥血、不懈努力，甚至可以鼓舞身边人获得生活的勇气。教师的自身发展不仅关系着其职业前景和职业效能，还关系到教师工作的直接受益者——幼儿，通过教师自身不断发展完善，幼儿能够接受到质量越来越优秀的教育，获得越来越好的成长。因此，在幼儿园的师德师风建设中，为教师的职业发展提供便捷的条件、途径和环境，帮助每一位教师厘清自己的职业发展思路，可以使每一位平凡的教师能够在职业工作中看到自己的进步和未来成长的方向，解决教师们在职业环境中遇到的困惑和担忧，使他们清晰地认识到自己目前的职业状态以及将来可以企及的职业前景。这样可以为教师的职业工作提供支持和助力，为教师的职业和生活提供动力，帮助教师完善自身人格，从而提高教育质量。

在我国当前师德师风建设的热潮中，结合幼儿园自身教育的特点和需要，从学前教育的情感教育角度出发，提升幼儿教师的职业道德素养，为他们提供积极的情感支撑和动力，可以使幼儿园师德师风建设工作落实到每一位教师的内心深处，夯实幼儿园德育工作的情感基础，进而完善每一位教师的职业发展路径，提升幼儿园的教育质量。

集团化办园也遇“拦路虎”

集团化办园是将一定区域内两所以上幼儿园以人员合并、资产联结、技术互助等形式整合成统一管理、共同建设、协同发展的学前教育联合体。明天集团是成立于1995年3月25日的中国首家公办集团化办园机构，截止于2022年，在海淀区拥有十九所幼儿园，共计九百余名教职工和五千多名在园幼儿。全部幼儿园均为北京市示范幼儿园、北京市早期教育示范基地。这一模式在一定程度上解决了人民群众对优质、普惠幼教资源的迫切需求，缓解了“择园热”的问题，但是也还存在办园条件差距较大、办园质量有待提升、师资力量水平不足、优质教育资源不均、特色活动需要培育等困难和问题需要解决。科学定位、认清现状、厘清问题，才能确立目标、对症下药、有的放矢。明天集团为解决上述集团化办园过程中的重点和难点问题，实施统一管理，实现同步发展，整体提升各园区管理的规范化、科学化，为特色化发展奠定基础。

明天人认为，当前学前教育的历史责任就是要寻找学前教育改革的核心力量，就是要增加学前教育中的理性组成，就是要为学前教育注入安静与专注，就是要建立自由自在的教育心境，就是要营造和谐开放的教育环境。肩负着这样的责任与使命，明天人坚定改革决心，认真研究集团化办园的战略、模式和系统等三个问题，努力探索推动明天集团可持续发展的动因，取得了三个基本共识：

一是教育的发展在于管理，管理的关键在于文化，文化的核心竞争力在于核心价值理念，核心价值理念能否发挥作用取决于全体教职工的认同与践行程度。

二是教师是决定教育质量的关键，调动教师工作的积极性和主动性则是发掘教师潜力的关键。

三是团队建设在本质上就是文化的繁殖，就是将明天精神从总院长传递给全体领导班子成员，从领导班子传递给各园执行园长，从执行园长传递给每一位教职工。文化繁殖的本质是团队力量的繁殖，是建立和认同共同愿景的过程，为集团事业发展提供了最可靠的内驱力。

第二章　幸福型组织的蓝图

人生的义务，并无其他。仅有的义务，就是幸福，我们都为幸福而来。

——赫尔曼·黑塞

2020年，新冠肺炎疫情的暴发让全球经济面临着不可预知的风险与挑战，而我们深刻地发现身处一个优秀的组织里是多么幸福和值得庆幸的一件事。是啊，我们的价值能有所属，我们的精神能有依靠，我们的光和热能在一个集体里熠熠生辉，这是多么幸福的一件事。不管是面临着中年危机的七〇后，还是初入职场的九〇后，我们的一生大部分时间都在这个或那个组织中度过，这促使人们越来越愿意去探寻在组织中的幸福之道。

感恩近千名教职员工选择明天集团，他们秉承教育初心选择这片沃土默默耕耘，辛勤育苗。对于承载数千个家庭幸福的明天集团来说，追求什么样的幸福，建设什么样的幸福型组织成为我们不断叩击灵魂的发问。

作为全国首家集团化办园的公办园机构，明天集团的终极价值追求不在利润，而在于儿童的幸福和发展。这就使得我们明天人在建设幸福型组织的道路上独具特色。与此同时，明天集团注重旗下十九个园所的协同发展，集团化办园的特殊性要求我们在幸福型组织建设的过程中“一个都不能少”。因此，明天集团的幸福型组织建设之路可谓任重而道远。如何能够提供一个有力的抓手将全体明天人凝聚于幸福之中呢？在雷海环总院长看来，“全面文化管理”正是幸福型组织建设的灵魂密码。

本章内容将阐述明天集团所追求的幸福型组织的内容及符合自身发展所需的特点。

幸福是什么

幸福是人生的目标。什么是幸福？幸福在拉丁语中的表达是beatitudo，其基本含义是至福。在英文中，可表示为happiness、well-being等，基本含义是快乐。《辞海》中，幸福是人们在为理想奋斗的过程中及实现了预定目标和理想时感到满足的状况和体验。

对于幸福的理解，东西方先哲们有不同的探寻。在哲学上，最早对幸福进行研究的是古希腊政治家梭伦，他认为幸福是人所追求的最高目的，幸福在于善始善终；苏格拉底认为幸福是由智慧和知识决定的；柏拉图认为幸福只不过是“善”的理念；伊壁鸠鲁则认为幸福是一种快乐的体验，幸福生活是我们天生的最高的善，幸福生活构成生命意义的终极基础和目标；德谟克利特认为幸福不是财富，而是正直和谨慎；洛克认为幸福就是快乐，极度的幸福就是我们所能享受的最大快乐。

在中国古代，最早较系统地论述幸福的是《尚书·洪范》，用“向用五福，威用六极”来说明人的幸与不幸。道家追寻幸福的方法是“顺乎天”，佛家认为人生本无幸福可言，只有消除欲望，才能实现“涅槃”。

幸福是主观的、相对的，每个人对于幸福都有自己的理解。

马克思认为，幸福是主观感知与客观存在的统一、享受与劳动的统一、物质生活与精神生活的统一及个人幸福与社会幸福的统一的实践活动。马克思幸福观既要求培养自我实现的潜能，发展自我实现的主观性，又要求重视身体、财富这些通向自我完善的客观条件。幸福来自价值创造，来自对组织价值的贡献。

古希腊时期，色诺芬、柏拉图、亚里士多德等哲学家探讨了家庭和城邦这两类共同体的幸福生活。色诺芬从人的生存幸福、人的身体与精神、自然能力与社会能力全面发展方面探讨了建立合理秩序来管理家庭经济的观点。柏拉图把城邦的至善即健康、和谐、统一、幸福作为城邦治理的根本目标，他认为城邦不是为了某一个阶级的幸福，而是为了全体公民的最大的幸福。亚里士多德探讨了城邦的治理及实现城邦和个人最优幸福生活的方式，他认为所有城邦都是某种共同体，所有共同体都是为着某种善而建立的，幸福的城邦必定是最优秀的和践行高尚的城邦。这些思想把幸福或至善放在家庭或城邦组织生活的首要位置，这对于现代组织的存在来说，都具有启蒙和指导意义。

现代管理学诞生以来，“科学管理之父”泰勒就指出管理的实质是劳资双方在对待对方方面的一次完全的精神革命，以实现劳资双方的共同繁荣以及全社会的繁荣和富裕。泰勒的这一思想涉及了组织管理对组织内外成员、对整个社会的目的关系，包含一定的人本伦理思想。经济学家吉尔布雷斯进一步指出，生活的目标就是幸福，不管我们对于幸福的理解有多么的不同。要以一种发自内心保护人类生活的情感去消除疲劳和杜绝浪费，无论一个人做了什么，不管有没有达到根本目的，我们都必须增加让人感到幸福的时间。管理学家法约尔则提出，管理从根本上是对人的管理，是一种塑造与控制人的艺术，所以，管理直接关系到大家的共同利益，关系到人类的幸福。他认为，为了人类的幸福，恰当地使用人的体力、脑力与精神方面的才能与合理利用我们的矿产宝藏具有同等重要的意义。法约尔看到了管理与共同利益、人类幸福的关联。行为科学的奠基人梅奥从探讨人的工作效率出发，自觉或不自觉地捕捉到了人对物质利益之外的精神价值和社会合作价值的追求，提出了人的心理因素如工作满意度和人际关系对于组织管理的影响。人际关系学派强调人的社会性在组织管理中的积极作用，为管理中的人性注入了新的活力，看到人类的幸福感不仅取决于金钱的多少，还取决于组织中人与人之间关系的融洽程度。

此后的激励理论探讨了人的需要和动机在管理激励中的作用，如马斯洛的自我实现论、亚当斯的公平理论及弗洛姆的期望理论等。激励理论强调通过对人的内在激励来获得幸福，对组织管理行为的研究产生了深远影响。在管理学家巴纳德看来，作为协作组织的管理人员需要承担的最重要的责任是道德责任，信念、理想、态度、行为准则等道德和价值观因素对组织中人的行为有重要影响。但个人主义、个人选择自由与社会国家至上、集体至上的对立导致人们在协作方面的瓦解和道德崩溃。对此，巴纳德认为，每个人都承担起选择的责任，并在协作的扩展和个人的发展之间进行恰当的比例分配或平衡，是实现人类幸福的必要条件。Z理论创始人大内指出，现代工业化社会可能会病入膏肓，可能会充满敌意，但也可以变得自然淳朴，这完全取决于文化与技术的融合程度，也就是幸福与道德的统一程度，这对人类幸福至关重要。美国麻省理工学院斯隆管理学院资深教授圣吉提出，通过学习即心灵的根本转变来使人在工作中体会生命存在的意义，这种生命意义也就是哲学意义上的至善或幸福。加拿大著名学者克里斯托弗·霍金森指出，当管理者逐渐变得富有人性和具有哲学视野时，他们就能够制订满足人类需要与希望的现行方案，并最终实现组织成员的幸福。这是对现代组织把效率和效用作为元价值而丧失了人的意义的彻底反思。丹麦哥本哈根商学院管理、政治与哲学系教授科克比指出，管理在于最高层次的美德存在于使企业组织和个人得到圆满实现的领导行动中，这种带有最高层次美德的行动，在本质上是绝对的至善即幸福。现代管理学之父彼得·德鲁克认为，管理是一门反映人的内心，与人性息息相关的人文科学，也就是说管理成为一种更广义的关系个人成长和幸福的人文科学。积极组织行为学在对人类幸福、快乐、满意等积极心理关注的基础上，在组织中提出工作幸福感的概念，使幸福感的研究扩展到管理学和组织行为学领域。工作幸福感在保证实现组织成员个人目标和展现积极力量的同时，也让组织目标得以自动实现，它是提升个人和组织幸福的有效途径。

从管理学发展历史来看，对人的研究一直是管理学的重点，而且也是管理学发展的一条主线。科学管理提出精神革命，将精神因素引入管理学中，但科学管理的重点仍是强调外在控制在管理中的作用，目的在于工作的标准化。人际关系学派将人的认知因素引入管理学中，提出工作满意度概念。这一概念经常将员工满意（或不满意）等同于幸福（或不幸福），即将工作满意度当作幸福度加以研究。但是，满意感不是幸福感，幸福感包括更广泛的含义。之后积极心理学的兴起，积极组织行为学将人的情感因素引入管理学中，提出工作幸福感概念。但它只探讨个人从工作属性中获得幸福，没有从个人与组织匹配角度研究个人对组织的幸福感。幸福组织从哲学、经济学、心理学等多维视角探讨组织及其成员的幸福及其与社会公共幸福之间的关系，坚持其理念能成功地调和公共幸福与私人幸福，强调必须设法让公共幸福也成为组织的自身幸福，并强调这是未来管理革命的真正意义。

明天人如是说

张晶晶：幸福对我来说就是一种满足感。这种满足体现在生活和工作的各个方面。有的人不用工作，家里面非常富有，但这不代表他就一定很幸福。工作可以带给我们成功的满足感，这是一种工作的胜任力，我们有了这种胜任力，就会有成功的体验，有幸福的满足感。

蔡丽：幸福是一个良好的氛围，这个氛围包括生活的氛围和工作的氛围，公平、合作，让人敢说、敢做，这就是幸福感。

郭伟：我理解的幸福是能够感受到身边人对我的爱，同时我爱身边的人，我的爱能让身边的人感受到。

王彩：幸福需要一种能力，漫长的人生道路中，在苦中找到乐，找到价值感，体验人生的意义，体验人生各种喜怒哀乐，我觉得这就是丰满、幸福的。

王可心：对幸福感最简单的定义是身体健康，心情愉快，从事自己喜爱并热爱的事业。

张艳：作为员工，发挥员工的最大价值；作为老师，发挥老师的最大价值，让孩子们能够在老师的教育下成长，让他们受益，这就是幸福。

夏梦雅：希望能每天在幸福能量场里工作，首先我做事时特别有职业的幸福感，包括对孩子、家长、同事和领导。我很年轻，是八〇后，特别希望身边能充满正能量。另外，当我遇到困难时，希望能有人宽慰或激励我。

幸福型组织的三重奥义

幸福型组织，即组织从幸福的视角思考管理的终极之善，以使组织成员实现生命价值和感到幸福。幸福型组织的思想根源，最早可追溯至古希腊时期，色诺芬、柏拉图、亚里士多德等探讨了共同体生活。柏拉图把健康、和谐、统一、幸福作为城邦治理的根本目标。亚里士多德探讨城邦的治理及实现城邦和个人的最优幸福生活，这对于现代组织来说，具有根本的启蒙和指导意义。

幸福在组织中能够实现

浙江财经大学教授蒲德祥将幸福组织定义为："组织在管理互动中充分发挥和利用个人的智慧和优势，协调组织的资源，使其能够在组织环境中获得自身的发展，不断地追求生存优越和快乐，以满足自己不断提升的物质和精神需求，增进组织利益相关者的幸福最大化。"

北京师范大学心理学教授张西超从企业管理的角度，认为幸福型组织，就是指在组织层面能够保持健康可持续的发展、秉持公平公正的原则、受人尊敬；团队层面是指领导者具备良好的积极领导力，团队成员间协作良好；个人层面则是指员工能够保持健康、幸福、高效的良好状态，与组织同步成长，拥有较高的心理资本。

从幸福管理的理念出发，国家税务总局税务干部学院公共教研部（党建教研部）副教授李朝波认为幸福型组织就是将幸福理念纳入管理实践，把幸福作为组织管理的核心价值。把员工幸福、组织高效作为组织管理的终极目标，在满足员工的核心需要的同时，保障组织的健康与可持续发展，实现员工个体层面与组织层面的双得双赢。

为了达到幸福的生活状态，人们必须在幸福的组织中工作。幸福组织的建设要求管理者以幸福为终极目标来管理组织以最终实现员工的幸福，这反映了人性的根本，即人类行为所追求的终极目标——幸福。正如阿玛蒂亚·森所指出的，不管经济学如何发展，它总要回答两千多年前苏格拉底提出的命题，即"人应该怎样活着"的问题。经济学最终要回答的是人类如何才会幸福的问题。这是经济学的动力，也是经济学的使命和发展方向。管理学也应该回到它的出发地，建立以幸福为终极目标的管理框架以实现员工幸福。

幸福型组织从明天开始

明天集团孜孜以求的到底是什么样的幸福型组织？我们从雷海环总院长的描述中可以看到，幸福型组织就是要以师生及其家庭的共同幸福为终极目标，以全面文化管理为基本的路径选择，以提高幸福胜任力为重要手段，以行动学习为主要的工具方法，以PDCA（即计划、实施、检查、行动）为管理要素，从精神、物质、行为和制度四个方面入手去构建对生命有敬畏，对人的价值有尊重，具有新时代人文精神、人文关怀的开放性无边界的新时代学前教育组织，致力于带领教职工收获职业安全感、职业尊严感、职业价值感、职业成就感，致力于培养具有幸福胜任力的幸福儿童，致力于让明天集团的师生家庭收获幸福。

树立幸福道德观

领导者个人的价值观、理念等素养会直接影响员工的价值判断和行为方式。幸福型组织建设的根本目的是让员工感到快乐与幸福，这要求领导者树立以幸福为中心的道德观，它是幸福型组织的中心，也是促成个人幸福和组织幸福的起点，它在组织中享有核心地位，它可以把组织内部个人目标同化成为组织的目标，以达到道家所提倡的“无为而治”的境界。为此，要有效地建设幸福型组织，要求领导者具备审慎之德、正义之德及慈善之德三种美德所构成的道德价值观念。这些价值观念不仅是领导者指导和对待员工的哲学理念，而且还应体现在日常管理实践之中。

亚当·斯密讲道：“对我们自身幸福的关心，是把审慎的美德推荐给我们；对他人幸福的关心，是把正义与慈善的美德推荐给我们。在后面这两种美德中，前一种制止我们伤害他人，后一种激励我们增进他人的幸福。在这三种美德中，第一种美德最初是由我们对自己的爱心而应具备的，而另外那两种美德最初则是由我们对他人的爱心而应具备的。”在他看来，幸福由审慎、正义和慈善三种美德所达成。审慎是人类利己本能的进一步发挥，亚当·斯密说：“根据其他著述家的见解，美德存于我们审慎地追求自己个人的利益和幸福之中。换言之，它存于恰当的控制、指导旨在获得此类目的的利己的心性之中。因此，依这些著述家之见，美德存于审慎。”因而修行审慎之德既是通往有德之路，又是通向富裕之道，二者天然同一。由此，亚当·斯密论断道：“在众多场合下，德之路和富之路均为同一条路。”对于慈善之德，他主张，“美德在于那些仅以他人的幸福为目的的情感，而不在于那些以我们自己的幸福为目的的情感。因此，根据他们的主张，无私的慈悲心或慈善，是唯一能够为任何行动盖上美德戳记的动机”。这表明幸福存在于他人的幸福之中。正义之德“犹如支撑整个大厦的主要支柱。倘若抛弃了正义，则人类社会这个雄伟而巨大的建筑物必然会在顷刻之间土崩瓦解”，足见正义规则非常重要。因此，最有美德的情感，是那种拥抱一切有理智的生物、以它们的幸福为其志向的情感。因此，将三种美德运用于幸福型组织建设中，要求领导者具备审慎之德、正义之德及慈善之德三种幸福道德价值观。

审慎之德，要求领导者具备自我控制和自我管理的能力。现代管理理论之父切斯特·巴纳德认为：“经理人员职能中道德准则的复杂性只有具有相应能力的人才能承担。……如果具有所需要的道德准则和责任感，但没有相应的能力，就会形成致命的优柔寡断或感情用事的、冲动的决策，结果是人格的崩溃和责任感的彻底破坏。”因此，领导者的能力建设是重中之重。

亚当·斯密等人发现，具有审慎之德的人，即任何一个为了自己利益而经营事业的商人（企业家、管理者等）都会自然萌生如下美德：勤勉、节俭、诚实、重诺言、守时、谨慎、爱秩序、有事业心和责任感及自我管理能力。我们知道，上述美德可归结为一个词，即自我控制。故具有审慎之德的人要具有自我控制和自我管理的能力。自我控制能力好的领导者会在管理中承担属于自己的责任，只做责任允许他做的工作。不会干预同事的工作，不会强行让同事和下属接受不必要的建议。这种领导者对于很多人希望通过管理别人而显示自己的影响力的愚蠢想法没有任何兴趣。对于员工，领导者要根据员工自身的个性、能力和发展需要并结合组织的目标，最大限度地充分授权，让每个人自觉地通过自我学习、相互协调、激励等来完成工作任务，并肯定人在组织当中的主体性和能动性。

领导者为了做好自我控制和自我管理，首先必须树立系统性、创新性、非线性的全球化领导思维，以开放的心态、全球化的眼光和视野来考虑和把握系统内外不同要素之间的有机联系和相互作用。其次，要确立以人为本的理念。领导者要时刻意识到人力资源是组织最重要的资源。领导者要理解人是目的人而不是手段人，人对幸福的追求是领导工作的出发点和归宿点。正如康德所言，人是目的人，一个不以其他人为手段的目的人，一个“以道德与幸福相结合的至善”为目标的目的人。把每个人都视为终极目标意味着这是一种普遍需求，即每个人都获得了最大化的自我满足，或者每个人都将他在生理、情感、智力、创造力和道德上的潜能发挥至最大可能的限度。再次，领导者要引领组织成员，使他们成为自己领导自己的人。领导者要尽力鼓励和帮助组织成员最大限度地发挥自身的潜能，使他们和组织一起成长，从而获得共同福祉。玛丽·福列特说：“最好的领导者努力培训他们的下属，使下属成为领导者，而一个二流的管理者则往往试图将自己的领导强加给别人，因为他害怕别人威胁到他自己的领导地位。第一流的领导者会努力培养自己下属的领导能力。他不需要对自己俯首帖耳之辈、对自己无条件服从之人。今天，最能干的人有着更大的目标，他们想要做领导者的领导者。”最后，领导者也是学习型创造者。领导者要不断地吸收新知识和新技能，建立全才专能的知识结构体系，并通过自己的新观念、新思路和新方法去引导、组织和激励组织的技术创新和管理创新。这样才能让员工在实现自己幸福的同时，也实现组织幸福。

正义之德，要求领导者具备正义的秉性。亚当·斯密认为，尽管正义之德在相当程度上可以期待人们自发、自觉地遵守，但因其为社会存立的根本，故必须严格而准确地恪守。为此，需要外在的强制，即正义之法。正义是实现多数人的最大幸福原则。这说明组织只有借助于正义原则才能使员工幸福。因为正义是以理性来控制激情与欲望，正义是理性的绝对引导，即以理性的绝对命令引导人们的社会生活。美国政治哲学家、伦理学家、普林斯顿大学哲学博士罗尔斯在《正义论》中提出了两大正义原则：平等的自由和不平等的条件（即机会的公平原则与有利于最不利者的最大利益的差别原则），建立了系统、具体、深刻的正义理论。这为幸福型组织建设提供了具体操作组织正义的指南。一是意识平等的自由原则，意味着领导者和员工之间的关系不是命令与服从，而是基于共同的利益——幸福。按玛丽·福列特的说法双方应共同服从于“客观形势规律”，按巴西塞氏集团公司CEO塞姆勒的管理政策，应打破金字塔组织的思维，创造劳资双方的同心圆组织，以自由民主方式确保员工的各项权利。二是机会的公平原则，体现在员工晋升、任用、财富的分配等方面具有公开、公平和竞争的制度环境。三是坚持差别原则，由于资源禀赋、能力及成就感方面的原因，应根据不同情况制定相应的管理措施，使人人都可获得合理预期的幸福。罗尔斯认为，幸福就是在行动上取得某种成就和对行动结果的某种合理的自信。

慈善之德，要求领导者承担社会责任。在面临极端贫困、分配失衡、生态环境失衡、腐败和犯罪等问题时，社会对经济组织不仅要其经济上的成功，还要它对员工、顾客、供应商、社区乃至自然环境等承担社会责任。社会责任包括经济责任、法律责任、伦理责任、慈善责任，有股东利益至上说、社会契约说、利益相关者说、企业公民说、层次责任说、慈善投资说等各种解说。英国学者约翰·埃尔金顿认为公司的行为不仅要考虑经济底线，而且还应当考虑社会底线和环境底线，企业必须将经济效益、社会公平和环境品质同时作为企业生存和发展的三个基本底线。可以看出，社会责任具有不同的观点，不同学者有不同的解说。其实，社会责任观没有为各方找到共同的激励点。幸福领导观认为，应从幸福契约来联结各利益者，以实现自身与他人的幸福最大化。在管理发展过程中，通过劳动契约、社会契约和精神契约来承担社会责任的观点，都没有有效解决各利益主体的关系。幸福契约从人性的根本出发来激励，可以达成各利益者的欲望，因此，领导者以幸福契约为共同的激励点来践行自己的慈善之德，可达成各利益者的共同福祉。

营造“幸福文化”

组织文化是组织在其发展过程中形成的被全体员工所自觉遵循的共同价值标准、精神追求、道德规范、行为准则、企业制度及其物质形态的集中体现。它是提升企业组织核心竞争力的关键因素，同时也是培育幸福型组织的无形资源。所以，作为幸福型组织的重要组成部分——建立以幸福为中心的组织文化是十分必要的。

“幸福文化”强调组织应具有为人类社会长久幸福贡献自己所有一切的组织精神和向上的风气。幸福型组织把幸福作为组织战略管理的核心价值，把组织幸福纳入战略管理，要求全面理解和把握组织业务活动对幸福的影响。幸福型组织充分考虑组织各要素的整合与优化重组，追求人与人的融合及组织之间的动态平衡，在幸福最大化中共享资源，最大限度地实现员工价值和幸福。

首先，要创造安全幸福的人际环境。从人类工效学角度出发设计工作场所，给员工提供一个舒适、安全、环保的工作空间，有利于达到人际环境相适应，提高员工的安全感、舒适感和幸福感。其次，创造合作幸福的组织环境。玛丽·福列特认为，管理的本质是寻求合作。领导者鼓励人员、部门间进行充分的交流和合作，促进组织内形成良好的人际关系，保证员工的能力、抱负与工作内容相匹配，为员工提供职业发展的机会和有效的社会支持，制定有针对性的工作与生活平衡措施，诸如员工帮助计划、家庭支持计划、心理辅助计划等，这对于改善个体的生活，提高组织自身的竞争力，形成幸福的文化氛围具有重要的作用。最后，创造和谐幸福的社会环境。幸福型组织还应主动建立与外部环境的幸福契约关系，不仅要与供应商和战略合作伙伴进行有效合作、诚信经营，还要有明晰的社区公民责任、艺术活动支持和环境保护等组织政策，从而树立组织追求和谐幸福的企业形象。对客户而言，要生产和提供有助于客户幸福感的产品和服务。为此，组织要对产品和市场组合进行基于能给顾客带来幸福的战略选择，重新设计或定位产品和服务。“幸福文化”的建设和营造使组织成员的内心生活支持组织中有意义的工作，组织成员的内心生活也受到有意义工作的培养和支持。这样，可以营造一个满足人性的组织共生环境，把员工的工作与生活统一协调起来，使组织成员通过“幸福文化”认识到自己生命的意义与价值，从而获得快乐与幸福，使人性得以彰显。

培育幸福员工

首先，培育员工的幸福目标。幸福就是在不断进步中把有价值的愿望或者说目标变成现实。员工的幸福与目标的有效完成有直接关联，因此，设置和追求有挑战性但能取得的目标有助于员工获得幸福感。如果员工所做的工作与更高的目标或者重要的价值之间有联系，员工将感到更加幸福。当一个人能以内在价值和自主选择的方式来追求目标并达到可行的程度时，个体的主观幸福感就会增加。密歇根大学的简·达顿、乔治·华盛顿大学的格雷耶·德比比和耶鲁大学的艾米·沃兹涅斯基认为，员工可通过建设或改变与同事或客户的关系，并在心理上重新定义工作的意义，来修正和达成执行的任务。这样，员工能主动控制工作，树立积极的自我形象，并履行连接其他人的基本需求，促进员工在工作中的幸福感。再有，员工也可通过基于优势为基础的观点，来改善和提高需求与能力之间的匹配。这种方法认为，每个员工都有自己独特的体态、性格、潜能和偏好。每个员工应该发现他自己的优势，然后设计自己的工作或职业，并培育和应用这些优势，这有助于提高员工的幸福感，因为每个员工都享有更大的权限。

其次，培育员工的积极心理。积极心理学和积极组织行为学认为，员工的积极心理能最大限度地挖掘自己的潜力以获得真正的幸福。美国著名心理学家弗里德里克森教授的“拓延—构建”理论说明，具有积极情感体验的员工，在工作中会产生新思想和新行为，促使员工愿意并希望能与工作主动接近，达到自身与工作的逐渐统一，从而实现自身的幸福。美国内布拉斯加大学管理学教授卢萨斯认为，可以通过自我效能感、希望、乐观、情绪智力和复原力等积极心理，提高组织与员工的绩效，进而培育员工的幸福感。如可采取绩效成就、正面的榜样作用及积极导向的说服等途径来培育自我效能感；通过内部动机的唤醒、目标技能的开发及与工作要求相匹配等方法来培育希望。

再次，培育员工的幸福能力。幸福能力是指员工理解幸福、感受幸福、追求幸福和创造幸福的能力。人在幸福观中体现的理性力量和德性力量反映出了他的幸福能力的大小。亚里士多德认为，幸福是灵魂的一种合于德性的现实活动。幸福就存在于人的现实活动中，这种活动是协调身心健康的理性与感性活动。马克思认为，实践是人的本质，只有在实践过程中人才能展现自己的本质力量。人的实践活动对于人的自我实现和拥有自由与幸福，不仅是给予一定目的的一个手段，更重要的是人的实践活动是人生幸福的核心内容。马克思说：“那些为共同目标劳动因而自己变得高尚的人是伟大人物，经常赞美那些为大多数人带来幸福的人是最幸福的人。”这表明幸福要通过人的劳动和实践活动来获得，也就是员工要通过工作来理解幸福、感受幸福、追求幸福和创造幸福。工作为员工提供了追寻工作的意义和自我实现的途径，找到了工作，就像是找到了幸福和尊严的源泉。工作为员工提供了追求幸福的最佳实践活动。为此，幸福能力的培育可从以下实践活动来实现：领导者要帮助员工形成高尚的人生观和幸福观；组织及其领导者要创造有利于员工幸福工作的外部条件，引导员工从工作中体验到幸福；领导者要注意培育员工良好的德性，引导员工做善于处理人际关系的人，并为其构筑创造幸福的方法；积极发挥员工的潜力和增强员工的自身素质；满足员工自我实现的需要。

最后，培育员工的职业幸福。由于组织发展的不可预见性及职业渠道失去稳定性，联结组织与员工的忠诚正渐渐削弱，越来越多的员工开始青睐那些他们能把握自己的行动及方向的工作，以获得职业生涯的发展。在这种情况下，每个员工应该为自己职业生涯的发展负责。为此，组织成员应该依靠其可移动的职业财产及到处都适用的技能和信誉，来规划自身的职业生涯，以此获得幸福。马克思说：“在选择职业时，我们应该遵循的主要指针是人类的幸福和我们自身的完美。”这是组织工作中的每个员工获得幸福必须具备的条件。

幸福型组织的有效建设有赖于营造组织的幸福文化，而幸福文化的形成离不开组织领导者。组织领导者是组织与员工之间的沟通桥梁，他们的价值观体系是组织发展与个人幸福的情感纽带。因此，领导者必须树立幸福道德观，在审慎之德、正义之德和慈善之德三种道德价值观的指导下，使工作、员工、组织及社会和谐一致，进而使员工的幸福得以实现。

相信“相信”的力量

明天人确立了“固本强基、守正铸魂、挖掘特色、深谋发展、精创品牌”的基本任务，创新性地将全面文化管理方式引入明天集团的教育综合改革中，解决了“在哪里”“到哪里去”“怎么去”这三个关键问题，将文化管理作为改变明天现状、解决主要问题、推动改革进程、提升教育质量的首要途径，充分发挥四个方面的主要作用：一是成为团结、凝聚全体明天人智慧的精神核心；二是成为引导、激励全体明天人的行动指南；三是成为全体明天人幸福快乐的精神家园；四是成为明天集团的品牌文化标签。

明天集团将精神文化建设作为最坚实的基础。明天集团成立文化建设领导小组，通过上下联动、全面覆盖，对集团文化核心元素进行科学分析和精心设计。从明天人对教育理想的坚定信仰和对教育高远追求出发，形成了“教育高地、文化高地、幸福高地”的共同愿景，回答了明天人“追求什么”的价值问题；结合中华民族传统文化的优秀元素，凝练出“求真、立美、至善”的核心价值，回答了明天人“如何追求”的问题；提出了逐步构筑“让每一个幼儿都快乐成长，让每一个教师都幸福发展，让每一个园所都稳步提升，让每一个家长都同程共进”的工作目标，回答了明天人具体要“干什么”的问题。

共同愿景，指明方向

立德树人是党和人民教育事业的根本目标，全体学前教育工作者都在为之努力奋斗；明天集团的共同愿景则是凝聚全体明天人的智慧、力量和对未来的憧憬与设想。

明天人“三个高地”的共同愿景，既有对于教育的高山仰止之意，也有不断寻求突破、超越自我的教育精神追求，更有影响人、培养人、塑造人的教育情怀。它赋予明天集团以教育本真的至高意境，凝聚了智慧、团结了力量，是明天人凝心聚力、团结奋进的动力。

核心价值，凝聚力量

“真、善、美”是全世界人民共同认可的价值准则，“求真、立美、至善”作为明天精神的灵魂，从另一个方面对“真、善、美”进行了诠释和解读。求真包含着做人求真、做事求真、做教育求真的内涵，它塑造了善良正直、真抓实干、真才实学、尊重规律、科学施教、实事求是的明天人；立美包含着个人美、教育美、组织美的内涵，它塑造了心灵美、仪态美、语言美、行为美、施教育美、立美育人、各美其美、美美与共的明天人；至善是明天集团的终极追求，它塑造了知善致善、以善育善、以善扬善的明天人。

幸福组织，承载文化

在幸福教育的视野下，明天集团在幼儿园领域第一个引入幸福型组织建设的概念，为明天文化全面管理提供有效的载体和工具，承载着明天人的核心价值、共同愿景及对幸福的终极追求。从组织行为学来讲，幸福型组织着眼于个体、群体和组织三个层面的发展目标，通过激发人的潜能和塑造高素质的人员，来获得人和组织在物质、社会和价值方面的幸福。

明天集团视野下的幸福型组织建设尊重人的需要和主体性，以教职工作为集团化办园的主体，发掘人的潜能，发现人的价值，发展人的素质，发挥人的力量，充分发挥组织成员的主动性、积极性、创造性，把个人目标和组织目标有机统一起来，使组织成员获得物质性、社会性及价值性的幸福，从而达到集团化办园推动师生共同成长的终极目标。

第三章　幸福型组织建设的文化内涵

幸福型组织建设的本质就是幸福型组织建设载体上的全面文化管理之路，就是幸福文化的播种与绽放，就是幸福教育视域下的集团化综合改革实践，就是具有明天特色的组织文化的变革与蜕变。

——雷海环

从改革开放至今，对于幼儿园管理而言，历经了经验性粗放式的管理、约束性制度化的管理和激励性人性化的管理三个重要阶段。组织文化建设则是人性化管理的重要核心组成，它摒弃了传统管理中经济人、社会人的假设，将管理假设对象定义为“复杂人”，即人是具有复杂需求的个体，有效的文化管理则是将个人目标与组织目标纳入同频轨道，在实现个人的目标同时实现组织的目标。因此，从组织文化建设的角度而言，亦可以称之为文化管理阶段，而文化变革则是整个组织文化管理的核心命题。

所以，在明天集团组织载体上的幸福型组织建设，实际上可以定义为以幸福为核心的组织文化变革之路，它自然也就具有组织文化变革的所有内容。

文化是什么

组织与组织文化

文化在本质上可以理解为群体或者团体行为方式的内涵和外显，它是对个体意识观念、行为方式的群体或者团体性整合呈现，或者说是个体心理和行为在群体或者团体中相互冲突、碰撞、影响、互动、整合而成的产物。从现代组织管理而言，组织文化是组织的核心与灵魂，是组织全体成员认同、遵守、践行的价值观念、行为方式、制度规范等。组织文化是组织效能至关重要的决定性因素，它发挥着引导、凝聚、激励、约束成员心理及行为的重要作用，既是组织及其成员发展的基础，也是组织最具特色的标签。在组织日常管理中，或可以以“风气”作为对组织文化最直接的认识，而对“风气”“好坏”的判断则是对组织文化的直接认知。

组织文化也需要变革

幼儿园开展组织文化建设（或将其高级阶段称为组织文化管理），就是要延续、传承和发展原有组织文化中正面、积极的有效因素，摒弃、消除和改造原有组织文化中的负面、消极的不利因素。因此，幼儿园文化建设（管理）的本质在于文化的变革，就是要从促进幼儿园发展的根本目标出发，优化、再造、提升原有的组织文化各方面的样态，让幼儿园的核心价值、行为方式、制度规范、物化环境更适应于幼儿园的发展需要，让幼儿园管理建立在个人目标与组织目标一致的基础上，以对文化的认同来代替单纯的制度管理，以自我管理来代替传统的过程性、指令性管理，从而对幼儿园计划、组织、指挥、控制、协调等各个管理子系统产生颠覆性的改变，即以文化的变革推动管理的变革，推动幼儿园的革新与精进。

文化变革的要求

幼儿园组织文化包括精神文化、行为文化、制度文化和物质文化（环境等文化的固化呈现）四个子系统，也可以划分为管理文化和保教文化（其中包括课程文化）两个重要的层面。幼儿园文化变革从本质上就是要从立德树人的根本任务出发，在对幼儿园文化现状进行科学诊断的基础上，对幼儿园的精神、行为、制度和物质四个文化子系统进行全面的引导、纠偏、优化、升级，使之成为更符合组织和个人发展需要的全新的文化系统。

文化变革的价值

幼儿园组织文化变革是幼儿园改革发展的核心组成。《礼记·大传》里说“立权度量，考文章，改正朔，易服色，殊徽号，异器械，别衣服，此其所得与民变革者也”，充分说明组织变革或者社会变革的核心在于文化的变革，在于对个体心理和行为的强有力的调整性引导。

究竟走哪条路

幼儿园组织文化变革的目标就是要通过文化建设的各种方法和手段，打造更加符合幼儿园和教职工发展需要的文化系统，它是对幼儿园原有系统的革新，既可以以“风气彻底改变”作为其直接外显的成果，也可以从组织凝聚力、向心力、战斗力看到组织心理样态的改变，更可以从行为、制度、环境及幼儿园保教、管理等文化系统看到趋于更加积极向上的根本性改变。

变革就是变化，就是在传承基础上的破旧迎新，因此，幼儿园组织变革通常会经历五个重要的发展，包括组织文化的诊断、计划、实施、检查、行动，即强调文化诊断功能之上的PDCA的闭环式推进方式。诊断就是要明得失、判优劣，找到影响个体和组织发展的不利文化要素，总结出推动个体和组织发展的有利文化要素，综合考虑社会文化与组织文化的对接变量，从而做到底数清、心中明。计划就是要利用管理工具（例如SWOT分析法）来厘清组织文化的优劣、挑战和机遇，确定组织文化变革的目标、思路、阶段、路径和方法。实施就是要在强调全员参与的原则基础上，分层级、分岗位落实组织变革的计划和部署。检查就是要定期对文化变革的成效进行检视，找到问题，分析原因，寻找对策。完善就是根据检查所得，进一步去调整文化变革的计划并进行落实、检查和完善。从这个意义上讲，文化变革本身也是分阶段、分层次的持续精进的过程。

你怎么看

幼儿园组织文化变革服从于幼儿园改革大局下的文化调整，它的变革核心在于幼儿园组织成员的人际关系的调整，它的直接对象是组织成员，即幼儿园的教职工及幼儿和家长，它的行动本质在于纠偏和正向，它的成效关键取决于幼儿园园长（最高管理者）的决心和意志，及全体教职工、幼儿、家长（组织成员）的覆盖面和参与度，它是思想层面、行为层面、制度层面和物质层面等多个层面的文化整合。因此，基于幼儿园文化变革的主要特点，依据幼儿园的实践经验来看，文化变革的整体策略可以归结为“一心三思五步七法”。一心即坚定文化变革的信心、决心和意志，一心一意地专注推进；三思，有古人所谓“三思而后行”的意思，也指事前、事中、事后都进行反思和学习，日增月进地精进观念来推进文化变革，更是指坚持“逆水行舟、不进则退”的观点，即思进、思危、思变；五步即五个主要步骤，包括上文所指的诊断、计划、实施、检查、行动等步骤；七法即七种主要的策略方法，即凝结、传递、激励、规范、示范、熏陶和行动。

大家一起干

幼儿园文化变革必须依靠管理者和全体师生员工的共同参与，上下联动，通过管理者的引领，集结集体智慧，在对幼儿园文化准确诊断的基础上形成对文化变革的共识，包括要形成战略目标、共同愿景、核心价值理念、办园理念等精神文化中的核心内容，要形成园长行为、榜样人物行为、教职工全体行为及幼儿、家长行为等行为文化的主要指向，要形成对制度文化、环境文化的共同设计与思考。例如在精神文化建设过程中，园长应调动全体教职工参与新文化体系凝练的积极性，召开各层级的文化研讨会来研讨幼儿园共同的价值体系和应遵从的行为准则。在研讨活动中展现了园长意志，也实现了人与人之间的互动。新文化体系的形成实际上整合了全体教职工对文化方向的不同认识，使之更具科学性、前瞻性，也更能为全体组织人员所接受和认同。

滴灌还是漫灌

幼儿园文化变革的重要方法就在于文化理念的灌输，尤其是在文化变革的初期阶段，通过宣传、培训、教育来开展对全体员工的文化灌输非常重要，这是文化共识形成的必要手段。客观来讲，每个组织成员对幼儿园新文化、新理念的认知和接受程度还是有差距的，这就需要幼儿园管理者必须要抓住所有宣教培训的契机来进行文化理念的灌输与传递，实现文化理念在层级间和岗位间的传递，形成对新文化体系的共同认知。例如通过各种内部媒介手段来传播幼儿园关于新文化的定义，通过全园会、教研会、班组会等各种学习会议来传播新文化的精神，让文化理念从入眼入耳到入心入脑。

抓手在哪里

幼儿园文化变革要注重文化活动的载体，要把文化融合的过程渗透至各种主题教育活动中去。例如开展团队拓展、文化征文、文化研讨、文体活动等文化主题教育活动，既赋予各类文体活动以文化的精神，又给予文化变革以活动的载体，让教职工能够在活动中凝聚共识，提升境界，增强团队的凝聚力和向心力。在这里必须提出的是，从文化实践的过程来看，游戏的教育形式不仅适用于幼儿园教育，也适用于文化变革本身。游戏可以看作是虚拟的现实和角色，可以让参与者在设定的场景中实现角色的自觉，从而使文化的传播更加具体和形象，实现体验式的教育效果，将组织新文化通过外化的活动来内化到组成成员的内心，以外界的刺激来推动个体心理的调整。

后勤保障要先行

文化变革是用实实在在的措施来推进的。幼儿园文化变革必须要有相应的管理机制作为配套来落实和保障，否则容易出现文化与实践“两张皮”的问题，很难取得文化变革的实效。幼儿园应将教职工践行和落实幼儿园新文化作为员工绩效考核的重要依据，要明晰文化变革的导向，让教职工明确文化建设的标准与方向。商鞅立木建信的管理案例证明了管理者在树立导向中的重要作用，文化变革是幼儿园改革的重要组成，同样也需要帮助教职工树立正确的导向，例如将新文化传播和践行作为教职工考核量化、评优评先的重要依据，通过激励手段来坚定教职工推进文化变革的信心和决心，获得教职工对文化变革方向的充分信任，从而为文化变革奠定好信任、信心的基础。

看谁学谁

幼儿园的文化变革要树立践行幼儿园新文化的榜样人物，要通过宣传教育活动来展示榜样人物的优秀事迹和风采，让文化通过榜样的力量来进行传播。文化示范的榜样包括两个群体：一是幼儿园的行政班子成员，这是文化变革天然的带动者和示范者。“子帅以正，孰敢不正”，管理者的身体力行、率先垂范是文化变革成败的关键因素之一。因为文化变革正是从园长传递到管理团队，从管理团队传递到全体教职工，从全体教职工传递到幼儿和家长。二是幼儿园的其他榜样人物。例如幼儿园可以开展榜样人物的评选活动，在评选活动中将践行幼儿园新文化作为重要的标准与依据，让榜样人物以身示范，带动全体教职工更好地去践行新文化。尤其要发挥榜样人物在教育实践中对其他教职工的文化引领作用，让每一个榜样人物成为幼儿园新文化的讲解员和传播者，在教育实践过程中来示范新文化的践行。

加强文化整合

幼儿园文化变革是精神与行为的结合，是制度与物质的结合，因此，在新文化推进过程中，必须加强文化的整合，将文化变革整合在教育管理实践中，整合在幼儿园环境建设中，充分发挥教育实践的文化变革功能，充分发挥幼儿园环境的文化教育功能。文化整合是文明变革的关键环节，它决定了新文化能不能由口号转化为实践。幼儿园必须关注两个方面的重要整合：一是精神文化与行为文化整合，这就要求必须要将文化内化于心，外化于行。二是精神文化与物质的整合，这就要求在幼儿园的环境创设中要能显性或者隐性地体现出新文化的精神及特征，例如显性表达就是将幼儿园的核心价值观、共同愿景、办园理念等直接标示在环境中，隐性表达就是在幼儿园的整体环境建设中渗透出新文化的精神和要求。实际可以表述为三个“上墙”，即口号上墙、精神上墙和行动上墙，赋予环境以文化教育的综合功能。

最后说的是制度

制度文化是幼儿园文化的重要组成，是精神文化、物质文化和行为文化凝结的产物。它是文化发挥规范、导向、激励作用的重要底线和保障，因此幼儿园文化变革在本质上也会带动制度的变革。制度的变革，一是规章制度的修订和完善，要依据幼儿园的发展需要对制度进行定期的及时修订，使之更符合幼儿园和师生发展的需要；二是要加强制度的执行与落地。制度建设的成效关键在于执行，执行的关键在于人。因此，围绕人的基本需求的制度理所当然要成为制度建设的核心，即考核激励制度要成为幼儿园制度建设的关键。幼儿园文化变革的成败也取决于以绩效考核为核心的制度文化建设，因为这是教职工行为最直接的压力性导向。因此，文化变革要求必须要强化考核结果的兑现，加强考核的常态化建设，让管理目标、文化变革的绩效能够成为推动教职工进步的积极因素，形成幼儿园文化变革完整的动力和压力体系，将教职工的内在动因与幼儿园的外在压力结合起来，形成文化变革的有效动力因子。

明天集团的“幸福文化”究竟是什么

明天集团的“幸福文化”是全体明天人集体智慧的结晶。

文化定位：幸福文化

核心价值观：求真、立美、至善

发展愿景：教育高地、文化高地、幸福高地

管理理念：精、细、实

办园目标：让每一个幼儿都快乐发展，让每一个教师都幸福发展，让每一个园所都稳步提升，让每一个家庭都同程共进

共同愿景

圣吉说过:“当一群人执着于一种心中的愿景时，便会产生一种力量，做出许多原本做不到的事情。”发展愿景是团队的旗帜与灵魂，是集团不断进取、追求卓越的不竭动力。

明天集团地处上风上水的北京市海淀区，在这里，中华优秀传统文化与世界现代科技文明完美融合，优雅的人文景观与旖旎的自然风光交相辉映，充盈着无限活力。明天集团凭借得天独厚的地理优势，蓄力生长，坚持更高的站位、更深邃的战略眼光，形成了携手共建明天集团“教育高地、文化高地、幸福高地”的美好愿景，以良好的势头追逐幸福的未来。

教育高地在海淀

海淀区的科研院所林立，高等院校密集，拥有首都科技、教育、人才等明显的区位功能优势和资源优势，是国家高新技术产业基地之一。20世纪改革开放以来，中关村奇迹般地崛起，成为具有国际竞争力的国家科技创新示范基地，立足首都、面向全国的科技成果孵化和辐射基地，高素质人才的培养基地，为海淀区高新技术产业发展注入了强大动力。与此同时，海淀区还是各类高精尖人才的培养基地，教育发达，科研集中，让海淀区成为全国智力最密集的地区之一。

明天集团在这样一个开放共融的空间里，认真汲取先进科研资源，更新教育理念，深化内涵发展，致力于为教师和幼儿的生命成长构筑幸福空间，打造教育高地。

丰富的科研资源，延展专业追求。海淀区的区域发展优势，提供了多样化、国际化的科研信息与技术。明天人以此为基础，为教师搭建科研平台，为幼儿创造实践体验的机会和情境，引导教师和幼儿树立终身学习的态度，不断提升个人学识和能力，不断充实自我、提升自我，以专业成就打造优质教育，提升教师和幼儿的教育生活品质。

先进的教育理念，丰盈职业理想。教育事业的发展，不仅仅是教学模式的创新，也带来了先进的教育理念。明天人以此为引领，从中外先进的教育成果和理论中汲取营养，引导教师不断更新教育理念，创新教育模式，树立科学崇高的职业理想，时刻保持更高的眼光和对新鲜事物敏锐的洞察力，不断以新理念、新思想、新技能武装自己，并以身作则地影响幼儿，激发幼儿的探究兴趣和创新、创造的活力，为幼儿的幸福生活奠基。

文化高地在历史

自辽、金以来，历代帝王便在海淀区修建行宫园囿。如今，香山的敬宜园、万寿山的清漪园、玉泉山的静明园，加之附近的畅春园和圆明园，各色建筑依山而建，傍水而设，与自然风光融为一体，共同形成了“三山五园”。全盛时期，皇家离宫御苑与赐园，园林连绵二十余里，蔚为大观。“集天下胜景于一地，汇古建绝艺于京华”，海淀区的山水之美、园林之盛、古迹之多，在国内外久负盛名，秀丽的生态美景与悠久的历史文化相互交融，形成了一片人才成长的沃土。

明天集团立足海淀区得天独厚的自然与人文景观，致力于培植生命成长的幸福土壤，打造文化高地。

悠久的历史底蕴，奠基人文追求。海淀区在漫长的历史进程中，积淀了深厚的人文底蕴。明天人传承和创新区域独特的文化基因，发挥文化的浸润作用，以浓郁的人文气息触动心灵，激发生命的活性因子，以高品位的精神追求成就个体的幸福。

深厚的家国情怀，构筑精神归属。丰富的文化遗存，秀丽的山川美景，彰显着一代代海淀人的文化和生态智慧，流淌着对祖国和家乡最深沉、浓郁的情怀。明天集团立足学前教育的使命，在治学过程中，坚定地传递着中华精神命脉，发挥家国情怀的导向作用，在团队中形成共同的精神归属，凝聚团队向心力，打造教育命运共同体，开创集团更加幸福美好的未来。

幸福高地在心里

特殊的地理位置造就了海淀区多层次、宽领域的氛围。国内外经济文化往来频繁，科技、教育、文化、旅游互相渗透，共同影响着区域发展的新格局。在这里，图书馆、博物馆、档案馆及表演、影视、出版、体育等机构灿若星辰，浓郁的文化氛围如源头活水，为海淀人提供了精神的滋养；一批颇具实力的高新技术企业集团已逐步在海淀区内扎根，大型商场及四万多个遍布全区的商业网点，使生活在海淀区的人们倍感便利。文化丰盈生命，经济支撑未来。

明天集团从区域的高速发展中借力，整合多元的文化资源，营造出舒适、优美、和谐的成长环境，满足教师和幼儿的精神文化追求，立足高起点，保持高姿态，致力于创造高品质的幸福生活，打造幸福高地。

开放的区域格局，打开国际视野。国内外经济文化的频繁交流，形成了海淀区国际化、开放式的区域发展格局。明天集团立足区域开放的格局，坚持教育发展的高站位，引导教师和幼儿了解世界多元种族、多元文化背景、多元价值观念等，鼓励明天人开阔眼界和视野，持续学习、胸怀天下、会通东西、学贯文理，以全面发展推动个体的幸福成长。

多元的生活方式，刷亮人生追求。经济的发展、多元文化的冲击，营造了海淀区多元生活方式共融的局面。人们生活水平的提高、生活观念的转变，也在不知不觉中刷新着人们对幸福生活的定义。明天人以此为契机，结合时代要求和集团实际赋予幸福人生新的定义，不断丰富幸福的内涵。汲取国内外的先进理念和内容，转化成集团的教育资源，丰富明天人对多元文化的认知；同时与国外的相关机构建立联系，搭建与世界对话的平台，让教师和幼儿在多元体验和实践中感知成长的幸福，让家长和社会分享幸福的成果，让明天人共同体验优质教育带来的幸福感。

核心价值观

明天集团提出了“求真、立美、至善”的核心理念，并围绕核心理念，对集团的精神文化、管理文化、物质文化、课程文化、行为文化进行了阐述，走出了一条“幸福文化”的特色发展之路。

理念认知层面解读“求真、立美、至善”

明天集团深刻理解“幸福文化”与“求真、立美、至善”的逻辑关联性，基于不同词性，从两个层面进行解读，明确了明天集团“幸福文化”的目的和追求是“真、美、善”，方法和途径是“求、立、至”。

明天集团“幸福文化”的目的和追求是“真、美、善”。

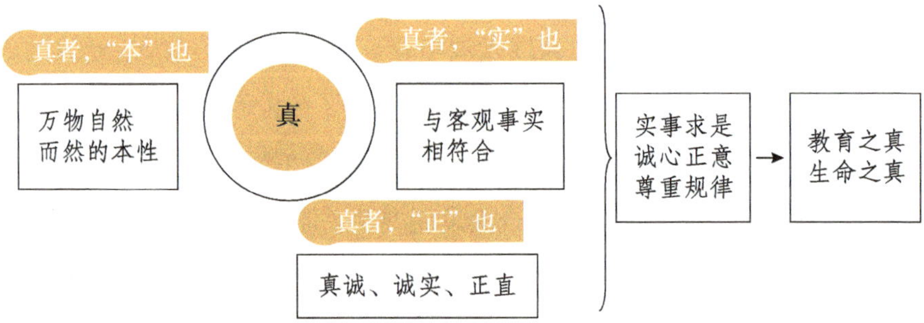

真，“本”也，万物自然而然的本性、本源；“实”也，与客观事实相符合；“正”也，真诚、诚实、正直。“幸福文化”的目标指向之一就是尊

重规律，顺应自然天性；诚心正意，唤起生命正品；实事求是，体现教育之真，生命成长之真。

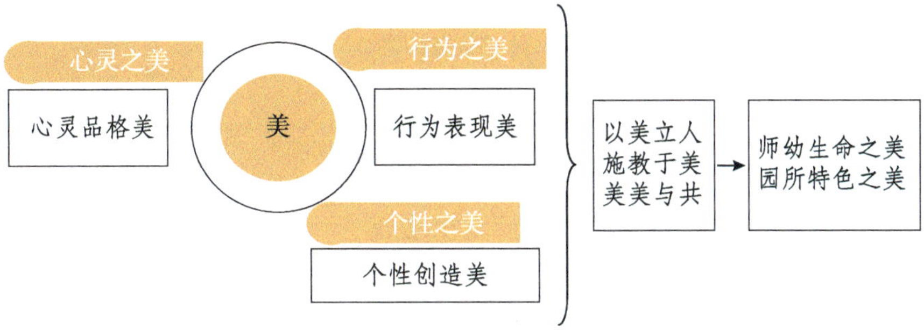

美，是一种由内而外的绽放姿态，是心灵美、行为美、个性美。“幸福文化”的第二个目标就是以美立人、施教于美、美美与共，实现师幼生命成长之美，绽放园所特色之美。

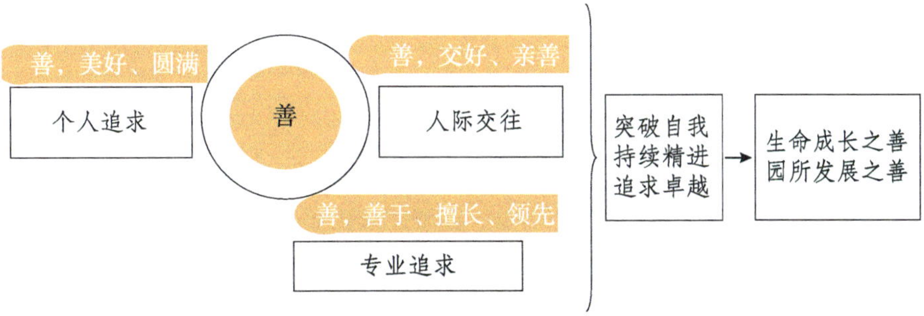

善，取其“美好、圆满”之意，培育师幼善的品行；取其“交好、亲善”之意，形成良好的人际氛围；取其“善于、擅长、领先”之意，使师幼在能力和专业上有自己的一席之地，使园所在学前教育领域有一席之地。因此，“幸福文化”的第三个目标指向就是引导师幼突破自我、持续精

进、追求卓越，培育善品、善行、善能。

明天集团“幸福文化”的方法和途径是“求、立、至”。

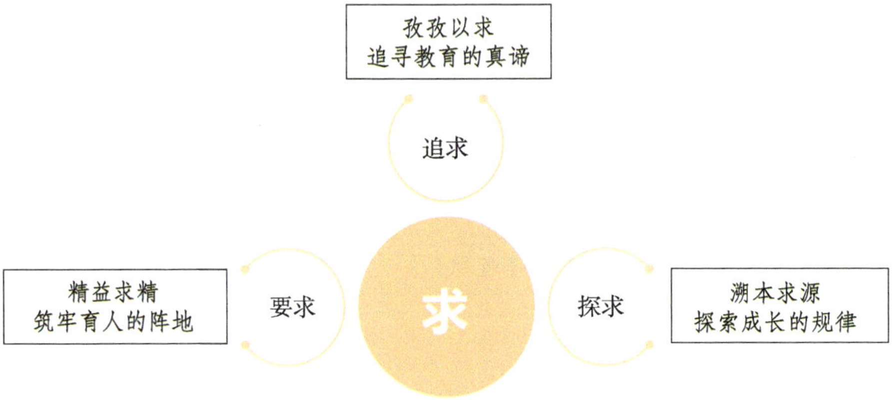

求，索也。“路漫漫其修远兮，吾将上下而求索”，明天人作为教育工作者，在做人、育人、治学、施教的道路上，始终遵循生命成长的规律，做到精益求精，以高标准要求自己，严守教育教学阵地，以真挚的情怀、昂扬的姿态，孜孜以求，执着追寻教育的真谛。

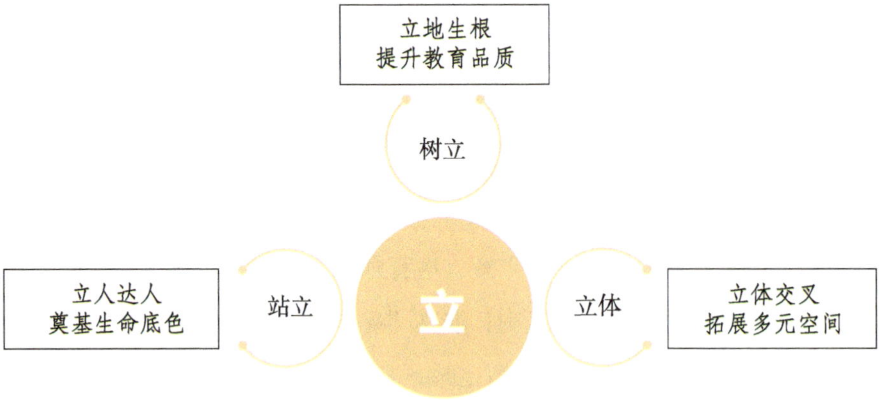

立，成也。明天集团二十多年来风雨兼程，坚持传承创新，坚持蒙以养正，不断拓展教育的深度与广度，努力追求“让生命成长立起来、让教育空间立起来、让园所品质立起来”。

至，到也。“道虽迩，不行不至”，教育是明天人终其一生追求的事业。明天集团治学，发乎于心，用爱与真诚呵护生命；践之于行，扎根教育土壤，在不断的探索中精进和成长；任重道远，始终胸怀教育使命，躬耕三尺讲台，稳中求进，砥砺前行，不断收获更加幸福美好的未来。

行为指导层面解读“求真、立美、至善”

幼儿园文化研究最主要的是提炼幼儿园的园所文化特色，一般来说遵循以下四条主线：一是幼儿园名称及发展历史；二是某个人的精神、事迹、贡献等（教育家、英雄、当地历史名人等）；三是幼儿园特色项目；四是本土文化、物质环境、人文环境等。

明天集团在研究园所文化，解读核心理念时，基于对自身园所名称的深入思考，全面分析“明天”的文化意义，延展出幼儿园独有的文化特色。

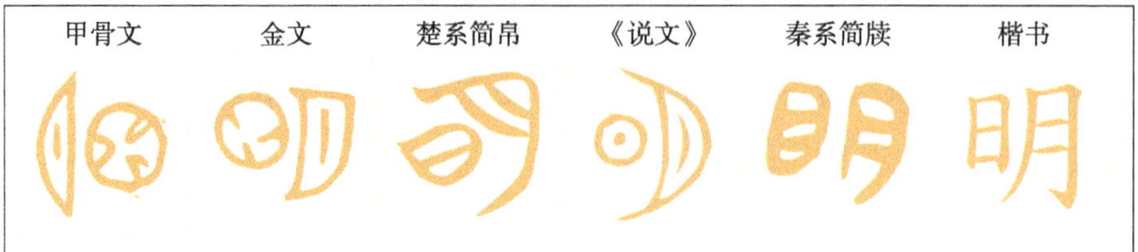

“明”字源演变

明天，即今天的第二天，也泛指未来、希望。“明”是由一个“日”（太阳）和一个“月”（月亮）组成。日属阳，月属阴，明是阴阳平衡的，正如太极图一样，有一个阴极，就有一个阳极。有阳光生正能量，有月光生灵气。

只有把握好今天，才能创造美好的明天。有了昨天的积累，今天的努力和汗水，才能收获明天的快乐与从容。明天集团倡导师幼保持进取的积极态度，不断充实自我，每日有进步，月月有发展，在日积月累中实现突破和提升，成就更加美好的未来。

日新月异以求真，让幸福与教育生活融为一体

无论是社会生活还是教育事业都是发展的，每天都在更新，每月都有变化。因此，明天集团“幸福文化”以生活得幸福圆满为最终目标，以“苟日新，日日新，又日新”的求真态度，根植生活，回归生活，让幸福与教育生活融为一体。

一求教育之真：日有所新，在价值实现中追求幸福。志趣是最好的导师。师幼有了信仰和志向，可以唤醒生命，促进教育发展。而培养师幼的志向，必须让教师感受到教育生活的价值与幸福。明天集团引导师幼以求真的态度，在工作和学习中挖掘自身价值，享受教育生活中的趣味与幸福，以崭新的面貌迎接新气象，以坚定的信念面对新挑战，日日有所新。

二求生命之真：日有所乐，在生活实践中追求幸福。身处科技高速发展的海淀区，明天集团对科技的发展与社会生活的变化有一种敏感的认知度，面对时代大潮的冲击，明天集团保持求真的态度，遵循生命的规律，寻找幸福与教育生活的契合点，创新模式，整合资源，搭建教育与生活实践的桥梁，让师幼享受多彩有趣的生活实践带来的快乐，在广阔的舞台上，尽情彰显个性魅力，享受幸福的教育生活。

日积月累以立美，让幸福与生命体验融为一体

幸福是生命的真正意义，而生命就是由一次次不同的体验组成的。教育就是要以实践体验为途径，多维度、立体化地搭建实践和展示的平台，让生命个体在点滴积累中丰富自我，蓄美、立美，感受幸福。明天集团深刻理解幸福的内涵，将师幼的幸福与丰富的体验相连接，在日积月累之间，不断拓展美的维度，丰富美的内涵，逐步构筑起更加全面立体的生命成长之美，让生命得以丰盈，让幸福得以延续和升华。

一立教师之美。日有所学，在自主学习中体验幸福。学习是教师专业发展的根本，只有不断加强理论和业务学习，才能不断超越自我，满足时代和教育发展的要求。因此，明天集团“幸福文化”在全体教师中全面推广自主学习的工具和方法，高度重视培养教师系统辩证的科学思维方式，将行动、反思和对话统一起来，对传统学习进行了深度再造，组织全员的、全面的、全过程的学习与教育，实现团队的、合作的、问题导向的实践学习与持续精进，使教师在行动学习中体验每天有进步、每天有成长的幸福，以专业的从容立教师之美。

二立幼儿之美。日有所得，在自主探究中体验幸福。生命的成长不是一蹴而就的，需要一点点地积累。明天集团“幸福文化”倡导在教育中要延展环境育人功能，拓展艺术活动形式，给予幼儿充分的自由空间，引领幼儿在自主探究中有所学、有所得，体会成功的幸福喜悦，立生命成长之美！

日增月盈以至善，让幸福与蓬勃发展融为一体

追求幸福是人类社会的永恒话题，幸福与人的成长和事业发展息息相关。对个人来说，幸福内发于心，外显于个体的生命生长；对集团来说，幸福内发于文化，外显于集团的蓬勃发展。因此，明天幼稚集团“幸福文化”将幸福作为师幼和集团持续生长的动力因子，在止于至善的不懈追求中，日有所进，月有增益，开启幸福的引擎，推动教育事业的蓬勃发展。

一是生命至善。日有所增，在成长与进步中收获幸福。明天集团在日常生活中传递正能量，让师幼胸怀善心，在身心愉悦中走向幸福；在工作与学习中播撒进取的种子，让师幼习得善能，在每一天的成长与进步中收获幸福。

二是园所至善。日有所进，在发展与创新中创造幸福。明天集团顺应教育国际化的发展趋势，与时俱进，锐意求新，秉承开放接纳的态度，学习和借鉴国际幼儿教育的先进经验，不断用国际化新技术、新思想武装自己，丰盈幸福的内涵，拓展教育的深度，提升幼儿园的教育品质，每天都有新探索，每天都有新发展，以国际视野铺设集团发展之路，在发展与创新中不懈追求，创造幸福，止于至善！

“幸福文化”是明天集团的特质

明天集团综合“幸福文化”的内涵和核心理念，构建形成了“幸福坐标系”，在横向上关注“求真、立美、至善”三个价值取向，在纵向上关注“蓄能、赋能、释能”三个成长阶梯，以幸福坐标系为“幸福文化”的参考点，让每一个生命按照自己的内在节律找到适合的成长点，奏响生命幸福之乐。

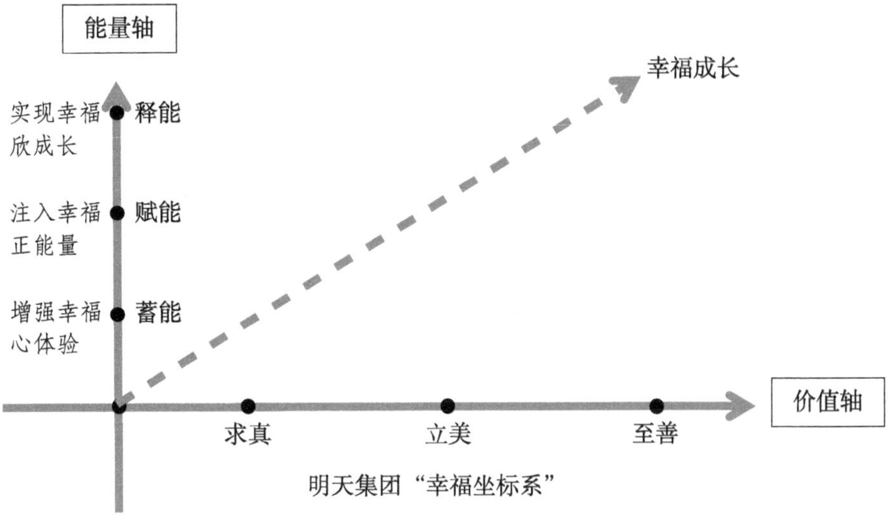

明天集团“幸福坐标系”

Jerry. Joy
Ella
2021.1.8
你觉得这幅画
里的女人在

第四章　明天幸福型组织的建设实践

明天幸福型组织建设，在本质上就是为全体明天师生及其家庭提供步入幸福的阶梯。什么是最好的学前教育？什么是最好的办园模式？什么是最好的幼儿园管理？这是全体明天人在事业发展道路上遇到的三个主要的概念性问题，也是全体明天人的价值追求。

价值是什么？价值说到底就是我们要追求什么目标，要培养什么样的教师和儿童的问题，就是要让我们的学前教育成为什么样态的问题。从宏观上讲，《幼儿园工作规程》《幼儿园教育指导纲要（试行）》《3~6岁儿童学习与发展指南》是价值的根本指引！从微观上讲，“将最好的教育奉献给每一个儿童”则是明天集团价值的集中体现！

在对教育价值目标的反思中，雷海环总院长提出了“教育高地、文化高地、幸福高地”，对三个“最好”问题进行了回答，从教育到文化到幸福，其内在的逻辑其实直指一个根源性问题，就是幸福的教师才能培养出幸福的幼儿，这样的教育才能称为幸福的教育。这既是教育的价值问题，也是集团化办园的实践问题。

前面我们主要在讲明天的价值追求，可以称之为明天人的共同愿景或者是战略目标。如何实现这样的共同愿景或者战略目标？不是依靠某个理论，也不是依靠某个口号，而是依靠以雷海环总院长为核心的集团领导班子带领全体明天人艰苦奋斗、自强不息！在这个奋斗的过程中，一定会有一种核心的精神力量来指引和支持大家前行。对明天集团而言，就是“求真、立美、至善”的组织核心价值观。价值观作为“三观”的重要组成，说的是人对价值的基本判断，真假、美丑、对错都在其范围内。而明天集团的核心价值观，则是每个明天人都能接受、都能形成共识的价值判定标准。“求真、立美、至善”则是价值追求过程与价值追求目标的统一。

正是基于这样的核心价值观，明天人选择了幸福型组织的载体来践行全面文化管理之路。在这里，我们会强调一个问题：明天的幸福型组织建设不是基于某种理论假设，而是基于明天人全面文化管理之路的实践总结。六年的发展道路完全是“摸着石头过河”，一边研究、一边实践、一边总结、一边完善，只有在这个认识的基础上，我们才能更好地去理解明天集团的幸福型组织。因此，明天集团幸福型组织的精华不是去证明某个组织管理理论，而是真正释放全体明天人的能量，为全体明天人提供步入幸福的阶梯。

阶梯是什么？就是踏踏实实走向高处时依靠的工具。“三个高地”，不能凭空飞上去，也不能跳跃上去，只能是攀登上去。攀登有两种方式，一种就是挑战极限的攀岩，适宜个体的挑战自我，不适宜团队的行进；另外一种就是修好阶梯，一边修路一边攀登。幸福型组织就是用于阶梯的修建，就是用于在荆棘丛中开辟出一条走向“三个高地”的道路。

鲁迅先生说：“这正如地上的路，其实地上本没有路，走的人多了，也便成了路。”明天集团的集团化办园事业并无太多可外在借鉴的，幸福型组织建设更是集团化办园模式下的全新课题。说到底，我们怀着追求幸福的懵懂初心，在“生命勃发”的憧憬下，从内心真我出发，开启了集团化办园模式下的幸福型组织建设之路。鲁迅先生这句话的前面其实还有一句“希望本是无所谓有，无所谓无的”，我们往往只说象征美好未来的后面一句，忽略了前面这句折射作者绝望心境的话。在明天人看来，希望是我们开辟道路的基础，也许没有现成的道路，但我们正是怀着坚信生命本真价值的希望来积极、主动地筑建前进上升的阶梯。

改革就是摸着石头过河

集团化办园与教育改革

二十多年前，恰值北京市教育改革的重要时期。1995年3月25日，作为海淀区八大教改实验项目中唯一的学前教育改革项目，在北京市各级领导的关心支持下，明天集团应运而生，整合了当时十所社区幼儿园，成为中国学前教育发展史上的首家公办集团化办园机构。集团化办园在规模发展上的优势迅速得到了体现，取得了阶段性发展的成效。

逆水行舟，不进则退

2015年，明天集团刚好走过二十个春秋，在学前教育综合改革的背景下，面临着“逆水行舟，不进则退”的处境。众所周知，任何组织的管理难度都是跟随着组织规模、层级的增加而增加，明天集团也不例外。集团化办园在很长一段时间给明天集团带来了很大的发展动力，但是随着时代的发展，如果内部的优化跟不上时代的变化，那么其弊病在管理体系、保教工作、队伍建设等方面逐渐呈现也是不可避免的事实。

迎难而上还是知难而退

如何整合集团化办园的优势资源，推动明天集团的再次腾飞？这是摆在雷海环总院长和集团新一届领导班子面前的首要问题。要发展，就要改革；要改革，就要有改革的阵痛，就要敢于走出舒适区，甚至必须冒着可能失败的重大风险。但是不改革，就跟不上学前教育综合改革的潮流，就会存在被时代淘汰的危险。一边是风险，一边是危险。选择哪个？明天人选择了承担风险，去消除危险。为什么？因为我们有着作为明天人的坚持与自信，我们深爱着镌刻着一代又一代明天人青春印记的明天集团！

雷海环总院长说：“我将和大家一起并肩奋斗，共同努力把集团的教育事业继续不断向前推进；与大家一起以奋发有为的精神状态做好自己的工作，为实现明天集团的‘教育高地、文化高地、幸福高地’的目标，切实把工作做深、做细、做实；与大家一道，办好党和人民寄予厚望的明天集团，用我们的实际行动书写更加璀璨的明天！”

雷海环总院长带领全体明天人发出了誓师之言！

破冰在于行动

传承什么？突破什么？创新什么？这就是明天集团领导班子当前必须厘清的关键问题。

传承：文化不是组织的内涵，是历史发展的见证。我们传承的是明天人通过二十多年自强不息、艰苦奋斗所获得的经验与成绩，每个明天人为学前教育事业所奉献的血与汗。

突破：组织文化发展必然是一个由破到立的过程，集团化办园的局限与时代需求之间的难题是我们的突破口。

创新：时代的发展带来社会的变革，必然也会对组织发展提出革新的要求。集团化办园综合改革必然需要新思路、新办法、新工具。

不明察，不能烛私

蓝图该怎么画

在学前教育综合改革的大背景下，全体明天人肩负各级领导、社会、家庭对明天的期望，开启了明天集团的二次创业，在明天集团事业蓝图上画上了决定未来发展成效的关键之笔，拉开了实施品牌文化工程的序幕。明天集团邀请北京教育学院的专家团队进入集团进行全方位调研，认真调查和诊断自身存在的主要问题，系统分析了问题存在的根本原因，找到了影响明天集团事业发展的关键点，对明天集团的事业进行了全新的规划和部署，开启了集团事业的再次腾飞之路。

立木建信就是要让你讲真话

要想掌握集团发展的实际情况，就需要每个教职工能够讲真话。怎么才能让人讲真话？那就得让人没有心理负担，有安全感，不会担心因为说错话导致被处理、被另类对待。这就是明天集团求真的开端。“诚者不伪，信者不欺”，想要别人说真话，自己得先说真话，用真诚去赢得真诚，用心去换心。这也要求领导者自己要做到“言者无罪，闻者足戒”，才能获得下属的信任。实际上，这就是干群关系要“破冰”。

商鞅立木建信的故事大家在课本里都学过，讲的是秦国的大臣商鞅推行改革，怕老百姓不相信，于是就在城南门放了一根木头，贴出告示说如果将这根木头搬到城北门处，就奖励十金。老百姓不敢相信会有这样的好事，没人敢站出来。于是商鞅继续加奖金，等加到五十金的时候，有一个人站出来把木头搬到了城北门，商鞅按照约定赏给了他五十金，获得了民众的信任，为改革变法提供了良好的开端。

明天集团的“立木建信”也在于通过实际行动来获得教职工的信任。我们搞调研，首先告诉大家，调研既是对幼儿园工作问题的调查与研究，也是集团选拔人才的过程。“德才兼备，以德为先”是我们对干部、教师的用人标准。讲真话、讲实话是对组织诚实，对集团负责，这是我们用人的前提。我们针对不同园所和岗位类别开展了十多个场次的座谈会，不仅收集了针对集团的宝贵意见和建议，而且选拔出了一批敢说敢干的中青年后备干部，将他们聘任到执行园长、业务干部、后勤主任等重要岗位上。所以，我们的调研实际就是“立木建信”，让明天人都看到讲真话的人的待遇与发展。大家看到原来集团是真的需要讲真话、讲实话的人，建立了对集团新一届领导班子的信任。

让我们回顾下当年的干部和教师的肺腑之言：

“我喜欢这份工作，我会把更多的精力用在工作和家庭上。现在的工作环境比较单纯，我特别希望学一些教育方面的新东西。”

“在工作中我们需要多学习，这两天培训给了我们很大的启发。多去外面学习、多听讲座是很有必要的，来自各方面的压力很大，我们需要专业人士进行疏导和帮助。”

“专业发展不够自信，理论和实际存在差距，遇到突发事情时不能灵活变通。”

“工作环境和人际关系非常和谐。环境宽松有度，领导也以身作则，在困难的时候会给我指导，对我个人的帮助很大。”

“希望在教育教学上有专业引领的教研指导，能请专业的教研员到园里开展教研，让老师们观摩优秀教师课程，接受区域指导和教育策略介绍，走出去多看优秀的园所，多给普通老师培训的机会，实现资源共享。”

“我认为老教师的经验要多与青年教师的热情和活力相结合，领导的要求要明确。”

……

调查研究是科学，也是艺术

调查研究是管理的前提。调查研究要有目标、有计划、有内容和有形式，最重要的是要有结论。

我们主要采用了三种调查法：

一是访谈调查法，利用现场、电话、线上等途径开展访谈，对问题进行深入调研。

二是会议调查法，邀请若干调查对象以座谈会形式来收集资料、分析和研究问题。

三是问卷调查法，调查者运用统一设计的问卷向被选取的调查对象了解情况或征询意见。

问题之所以是问题，是因为现实与需求之间有差距

教育的根本在于教师。我们的教师都接受过专业师范教育，有丰富的教育经验，都有成为优秀教师的潜质，但是我们也看到整个队伍在思想和专业方面存在问题。总体来说，问题主要体现在三个方面：园所管理、专业成长和福利待遇，尤其集中在园所管理和专业成长方面。可以看出，干部、教师的需求矛盾点在于团队归属感、尊重和个人价值实现等方面。在事业发展过程中，物质待遇当然很重要，但是人的精神需求更重要，甚至超过了对物质的需求，这是我们每个管理者都必须面对的事实。

具体问题究竟有哪些，只有通过一次又一次的深入调研，才能让它们暴露在我们面前。循着这些问题再去挖掘，才能找到问题的根源所在。我们常说，下属有问题，根子在领导；管理有问题，根子在制度。那么，明

天集团问题的症结在哪里?

明天集团领导班子多次召开民主生活会，开展批评与自我批评，自省、自查、自纠；全面排查制度的执行情况；全面排查教育常规的执行情况。最后，我们发现所有的问题都是“人”的问题，就是人思想问题的折射。

正是在对保教管理、队伍建设等各方面问题基本摸排清楚的情况下，明天集团领导班子带领全体明天人开启了“以人为本”的二次创业模式，提出了“固本强基、守正铸魂、挖掘特色、深谋发展、精创品牌”的变革思路。

雷海环总院长“永不放弃”的讲座让每一位明天人铭记在心：在困难面前，要敢于挑战和超越自己，相信自己一定能成为最优秀的教练和队员。

这是爱的事业

爱的方程式

爱，指的就是很深的感情。它既是亲人之间的感情，也是同事或朋友之间的感情，更是教育工作者对受教育者的感情。爱本来是人自然的情感和本能，但它必然会受到人的社会性的限制。通过教育，我们可以消除固有的情感上的一些壁垒，让爱的情感更加集中和泛化，即以博爱之心做教育。

鲁迅先生说：“什么是教育，教育就是爱。”对明天集团而言，这就是“一切为了教育，为了一切教育，为了教育的一切”的爱。

雷海环总院长说：“只有心中充满爱，才能调动起内心的全部力量，为了成就每一个孩子的美好人生而不断努力、付出。”

在明天集团会议室的墙壁上，有一个大大的“爱”字。我们常说，家庭是爱的组织。但在这里，明天集团就是爱的组织！爱可以是一种团队成员间自发的感情，用爱去浸润心灵，去召唤灵魂，去成就明天集团爱的世界。

我们的事业是爱的事业。所以，我们说明天集团的二次变革从文化开始并不完全准确，应该说是从爱开始。让明天人学会更真切地爱自己、爱幼儿、爱同事、爱团队、爱集团、爱事业。“爱每一个人”，就是明天集团的爱的方程式。因为有爱，所以明天人才能放下昨天的包袱，才能破除心灵的壁垒，才能更加专注于教育工作！

爱的百种语言

幼儿时期是人的个性、品质形成的重要时期，成人应该怎样正确引导和培养是很关键的。相信大家都看过公益广告《给妈妈洗脚》，可以看出，幼儿是渴望爱心教育的，爱心教育应从幼儿抓起。幼儿园是幼儿生活的大集体，环境的影响和教育对他们极其重要。作为教师要注重日常生活的教育，从幼儿身边的点滴小事做起，如教育幼儿不小心碰着别人要主动说“对不起”，受到别人帮助要说“谢谢”，看到别人摔倒要关心帮助别人……我们有义务让幼儿在生活中感受爱的同时，也学会爱别人。

我们以“六一”儿童节庆祝活动为契机，开展了“爱的百种语言”主题教育活动。各园组织师生和家长共同参与，以“六一”儿童节活动作为基础，大爱放歌，传唱《让爱传出去》，让师生和家长来畅谈对爱的感悟，在沟通交流中增进情感，达成共识！在今天看来，这些恰恰是为幸福的明天奠定了爱的基础。

让我们来听听小朋友们关于爱的赞歌：

“爱让我们在一起。”

“爱是分享，爱是帮助。”

“感恩的心，让爱传出去，爱是一起嗨！”

“妈妈，我特别特别爱你!”

“爱是小朋友一起健康快乐地成长。”

“爱来自老师那充满爱和欣赏的目光。”

“爱，是我们友好地在一起。”

“爱是我们美好童年的回忆。”

“爱是你遇到困难时我来帮助你。”

“我爱我的老师。”

“我们是相亲相爱的一家人。”

“爱是甜甜的。”

“幼儿园像我家，老师爱我我爱她，老师叫我好宝宝，我说老师像妈妈。”

爱的教育要从孩子抓起

我们在传统节日重阳节中，将社区的老人请到幼儿园，让幼儿用自己的方式表达他们对老人的尊重。他们精心准备了拿手的节目，还亲手制作了礼物，虽然只是小小的节目、细细的手链，但是每一份礼物都是他们真心的表达。通过活动，幼儿表达了对老人的关爱，并且感受到了关心他人的和谐氛围，当活动结束后，爷爷奶奶们拉着他们的小手依依不舍，那份不是亲人胜似亲人的景象让人动容。

我们还用语言表达让幼儿学会感恩。通过让幼儿说一说今天帮助谁了，得到了谁的帮助，让幼儿知道帮助别人是美德，得到他人的帮助应该表达感恩，懂得感恩。

虽说大恩不言谢，但感恩一定不要仅发于心而止于口。对需要感谢的人，一定要把感恩之意说出来，把感恩之情表达出来，让幼儿以行动回报亲人、教师、同学的恩情，在实践中知恩、感恩、报恩。如在中秋节时，我们可以请幼儿说一说：在幼儿园做好的月饼拿回家要分给谁吃？为什么要这么分？有的幼儿回答："我要分给妈妈，因为妈妈给我做饭，我感谢妈妈。"有的幼儿说："我要送给爷爷，因为爷爷每天都接我放学。"这些话语已经表现出他们有感恩的心。要让幼儿知道，别人给予自己的哪怕是再微不足道的帮助与关怀，也不要忘了感恩。

俗话说："十年树木，百年树人。"教育人的任务是复杂艰巨的，道德品质、爱心的形成过程是长期、反复、不断提高的过程，我们应持之以恒对孩子做深入、细致且耐心的引导，充分利用资源对他们进行教育，让孩子真正学会感恩。孩子的心犹如一片净土，种植感恩，就会收获仁爱、关怀、宽容和幸福。从小给孩子的心灵播下爱的种子，让他们对一切美好的事物心存爱，那他们将会以坦荡的心境、开阔的胸怀来应对生活中的酸甜苦辣。

所说所做都是爱

打开心灵的窗户，就会拥有很多的爱。因为爱就像阳光一样，只要有空隙便会洒落。人们不再封闭自己，愿意和别人交流，经常把心底的秘密拿出来晾晒，从此豁然开朗，变得喜欢一切美好的事物，心里不再有抱怨、愤懑的想法，单纯、干净而善良。当打开心灵的窗户，友爱、亲情便会一个一个接踵而来，让我们的心因为有这些爱而变得温暖不已，我们走过的地方也会沉浸在爱河当中，因为爱是相互依存的。当打开心灵的窗户，我们看到窗前依旧花开花落，天外依旧云卷云舒。

爱的语言让爱在每一个教师的心中流淌，让爱在每一个孩子的心中生根发芽。明天集团是一个充满爱的大家庭，我们把爱作为共同的语言习惯，幸福就会随时降临，让我们到达幸福高地。

明天集团收集了教师爱的语言，让教师们学会了自律，自觉遵守规章制度和教师职业道德规范。在幼儿园的一日生活中，爱的语言随处可以听到，“孩子，你真棒！”“你一定行，咱们一起再试一下好吗？”“老师爱你们！”当听到这些发自内心、感人肺腑的话，我们的心情无比激动，孩子们的心灵中也会投射出爱的波澜。每当唱起集团的团歌《让爱传出去》，作为幼教工作者的自豪、开心、幸福就油然而生。这就是爱的教育，从教师开始，至儿童落地。

爱与责任同行

责任是承诺和担当，立德树人则是明天人肩负的历史责任。爱是情感的出发，明天人以爱来推动教育责任的担当，谱写爱与责任的同行之歌。让每一位明天人都在教育的初心下，去接受教育责任担当的教育，让每一个明天人都能强化肩负的教育职责。

雷海环总院长提出了“复苏—唤醒—责任”的三部曲，让员工在各项工作中强化责任意识，锻炼干部队伍，自觉把尽责的过程当作修炼的过程，把履职的过程当作自我完善、自我提升的过程，在负责任、勇担当的奉献中实现人生的价值、享受职业的快乐和幸福。

勇于担当，源于强烈的事业心和责任感。通过行政例会传递集团顶层设计的思路和理念，进一步激发干部的工作热情和责任感，学会有计划地做事，做到繁事化简、事事有效，提高领导力和执行力。

在其位，做其事，负其责。把责任意识转化为工作行为，确保尽职尽责。通过实践，我们勇于打破传统思路，不断创新工作形式，充分给予教师思考的空间，在不断梳理、转变、提升教育理念的同时，不断碰撞、讨论，达到统一、完善，将各项责任落实到人，打造了一支能担当的干部团队。

责任激发潜能，我们从干部教师渴望的交流中明确责任，从家长期待的眼神中读懂责任，从自己获得的成绩中理解责任，做善于担当的引领者和执行者。

爱因斯坦曾经说过：“只有爱才是最好的教师，它远远超过责任感。”在明天集团“爱与责任同行”的系列主题教育活动中，我们看到了爱的百种语言，其中有感动，有思考，有收获。我们看到了爱在教育中的巨大力量，坚信鲁迅先生的名言“教育根植于爱”，爱是阳光，能融化冰雪；爱是春雨，能滋生万物；爱是桥梁，能沟通心灵。高尔基说过：“谁爱孩子，孩子就爱谁，只有爱孩子的人，他才可以教育孩子。”明天文化根植于爱，也把爱植入了每一个明天人的心间。

在“爱与责任同行”的大主题下，每一个幼儿园都结合自己的实际情况，在“六一”儿童节，选择能够更好地取得活动效果的活动形式、内容和方法，充分整合师生和家长的资源，充分考虑幼儿的年龄特点和身心发展规律，呈现出不同的活动特色，充分体现出明天人的爱与责任！

乐成长，爱相随

一幼塔院园开展了“乐成长，爱相随”的“六一”音乐活动，充分利用家长资源、幼儿资源，注重人与人之间的互动，让孩子在其中获得成功感、满足感、认同感。如：在中班亲子演艺台上，表演者是中班的孩子和家长，观众是大班的孩子和家长。台上热情表演，台下认真观看并参与评选“最佳创意奖”“最佳表演奖”“最有自信奖”的活动。这样的安排使中班的孩子感受到成功感和满足感，同时培养大班孩子的观察力、专注力、善于欣赏他人的良好品质与能力，为以后入小学做准备。在大班音乐画展中，大班孩子将自己对音乐的理解讲给弟弟妹妹听，锻炼了在众人面前大胆讲述的能力，培养了欣赏美、感受美、表达美的能力，而讲述与倾听互动的过程，培养了孩子在礼貌、交往方面的社会性能力。还有音乐游艺活动，加深了家长对孩子的陪伴意识，也让中、大班孩子在玩中体验了游戏的快乐。

我们感动于家长的支持：小班家长和孩子们共同制作了极富创意的时装；中班家长和孩子们一起讨论队形，多次利用接送环节排练；大班家长积极和孩子们讨论，为中班孩子们评奖，在大班绘画展览中，不管是大班家长还是中班家长都不吝啬对孩子们的鼓励和赞扬。家长感动于老师的付出，因为对孩子们真正的爱，因为教育的责任，我们多次讨论、调整、创新活动模式，团队合作也体现了对教育的担当，活动的顺利开展体现了团队强大的凝聚力和向心力。

家长庆幸于自己的选择，庆幸为孩子选择了明天集团，有的大班家长甚至说："真不想让孩子毕业！"家长在班级微信群中表达了对这次活动的赞美，充分体现出对明天集团爱的教育的认同。

公主和王子的盛宴

二幼双榆树园开展了"公主和王子的盛宴"的主题教育活动，在节日里，我们设置了一个充满仪式感的温馨环境，将孩子们扮成公主与王子，让他们在老师们用汗水和努力铺垫的求真教育道路上，焕发着不一样的童真。伴随着美妙的乐曲，小王子们和小公主们翩然而至，略带稚嫩、稍缀童真，在如诗般的活动场景中打开心扉，优雅的步伐轻快地踏出芬芳痕迹，在灿烂的年纪留下璀璨的笑颜。

欢乐城堡童话梦

二幼南区园注重充实新内容，拓展新形式，充分尊重孩子们的主体地位，让每一个孩子都参与进来，体验儿童节的快乐。从富有童趣的启动仪式，到缤纷世界的涂涂画画活动，从在魔法厨房亲自参与动手制作美食，到魔幻城堡中的寻宝探险，从童心剧场老师和孩子们的精彩表演，到“六一”童乐会的亲子服装秀，从研究决策到活动过程，都充分听取了孩子们的意见，从他们脸上洋溢着的灿烂、幸福的笑容可以看出，孩子们度过了一个愉快且有意义的节日！在今后的工作中，我们将用责任心做事，用感恩心做人，将落实“精、细、实”管理文化、追求优秀变成一种职业习惯，渗透在工作中的点点滴滴，将工作做得更好。

“悦·享·爱”之畅游书海传递书香

三幼志强园通过“爱读书、享表达、悦（阅）成长”三个篇章，从全园启动仪式到班级特色活动，从集体呈现到孩子们自主阅读，从师师读、师生读、生生读、亲子读等多角度、不同层面，逐步帮助孩子们建立对图书的感情，鼓励孩子们在书海中感受爱、表达爱、传递爱，了解图书的作用，会看书、会讲书、会用书，从而促进其多方面发展，形成良好的学习品质，为终身发展奠基。重点通过“听之悦”“画之悦”“说之悦”“读之悦”“演之悦”等一周的活动来开展，旨在鼓励孩子们积极参与计划活动、筹备演出道具、完善演出内容、勇敢表达表现、提高交往合作的能力。通过此次活动，不仅使孩子们度过了一个健康快乐、幸福成长的“六一”儿童节，同时还在过程中使孩子们获得了有益的学习经验，真正达到集团“教育高地、文化高地、幸福高地”的教育方针。

听之悦，重在引导孩子们了解自己的节日。以“图书爷爷讲故事”为主题，拉开了“缤纷‘六一’梦想起飞”欢乐会演系列活动的帷幕。图书爷爷的引入，使孩子们了解了图书的起源与演变过程；家长走进教室，演绎绘本故事，体现了家园互动之悦；“唐诗新唱”等不同文学作品的浸润，让孩子们初闻书香文化的气息；在这浓浓的节日氛围里，孩子们稚嫩的“三句半”表演引得全场欢笑，家长的观看更激发了孩子们的表演热情。

画之悦，重在引导孩子们积极参与。在开展“我的节日我做主”的活动中，老师们将“喜欢进行艺术活动并大胆表现”作为活动中的重点目标，开展自主设计宣传海报及邀请函活动，结合节目内容，与孩子们一起协商需要准备的道具。大班的孩子们还自发分组合作寻找材料，自主制作节目道具，并向全园的师生进行了展示。活动过程中，中、大班孩子们的代表还进行了制作介绍。孩子们在参与中感受到节日的欢乐，在表达中收获满满的自信！

读之悦，重在回顾开展阅读季以来的活动，通过照片展示、图书笔记分享、故事会展等形式营造出阅读的氛围，根据孩子们的年龄特点开展“图书区大变身”的活动，利用环境的创设吸引孩子们爱上读书，充分调动了孩子们阅读的积极性。家园携手开展亲子阅读分享，孩子们将自己感兴趣的图书，用喜欢的方式表现出来，家长也意识到阅读对一生发展的重要性，因此能积极配合阅读季活动，指导孩子们制作读书笔记和亲子阅读感想，分享在“好书推荐”板块中，增加了同伴间的交流与互动，让孩子们在分享活动中提高阅读兴趣与阅读能力，开阔视野，分享阅读、分享快乐，让书中的精彩融入生活。

说之悦，重在孩子们的表达。在“六一”儿童节将要到来之际，询问孩子们有什么打算，想怎么庆祝。孩子们纷纷表达出自己的想法……我们倾听他们的声音，给他们一个实现梦想的机会，给他们一个挥洒创意的舞台。自由选择、自主开展、自发交流，一场有温度的“我的‘六一’我做主”活动开始了。

演之悦，重在让孩子们能够大胆表现，体验与大家一起过“六一”的快乐。生活需要仪式感，孩子们的成长更需要仪式感，拥有美好的仪式感体验，从中获得幸福的人生底色，也能学会温暖他人，所以童年的每个“六一”都值得被庆祝与重视。孩子们选择想要表演的节目，一起彩排，在活动区时有的负责编排动作，有的负责制作道具，还有的负责当观众提出自己的建议，为的就是在舞台上展现最棒的自己。

爱在明天，快乐成长

三幼学院路园开展以绘本阅读分享为切入点，以“爱在明天，快乐成长”为主题的儿童节系列活动。本着通过系列活动，成就教师、发展幼儿的宗旨，在过程中宣传明天集团“求真、立美、至善”的教育理念，彰显爱的教育、以爱育德、以爱立美、以爱启智、以爱至善的办园特色，让幼儿获得成功的体验，促进幼儿幸福快乐地成长。

活动特别强调了仪式感，在各种准备的过程中引导孩子们像对待一场隆重的仪式一样去期待这个专属于他们的欢乐节日，并在此过程中让孩子们感受自尊和自信。孩子们都以盛装出现，帅气的男孩、美丽的女孩从紫粉色气球门下走过时，脸上洋溢着兴奋与愉快的表情。家长们也盛装亮相，在庄重又不失活泼的会场中，老师、家长、孩子们共同努力准备的精彩节目将活动的气氛推向了顶点。

活动以绘本阅读为切入点，开设了不同主题下的班级阅读活动：各班在师幼、幼幼绘本阅读的基础上，邀请家长自愿报名，选择合适的时间到园里给孩子们讲故事。在绘本阅读分享的基础上，孩子们通过多种形式的艺术活动表达爱，如绘制爱心卡、用废旧物自制服装、涂鸦、故事表演等，用自己的方式表达对身边人的爱与感激。大班家长说：“这次的活动是孩子入园以来表现最棒的一次，能看到孩子在整个活动过程中的成长！”大班家长代表白炎昱爸爸的一捧鲜花表达了对老师爱的付出与辛苦的感谢；小班家长在节目结束后给该班的三位老师献上了锦旗和鲜花，表达对老师辛勤付出的由衷感谢，三位老师在这份惊喜面前不禁潸然泪下，沈老师说：“我们所有的付出都是因为对事业、对孩子的这份爱，得到家长和孩子的认可，就是得到对我们工作努力付出的最大认可!”活动结束后，班级的家长微信群依然热度不减，家长们发自肺腑的感激从一段段文字或语音里流出。孩子们在主题活动中的成长，每一位家长都看在眼里，感谢在心里。在当天回收的家长调查问卷中，家长对园所“爱的教育”文化理念的满意认可率达到95%，这些都是老师、行政人员、后勤人员、家长、孩子们共同努力配合、共同付出的结果。

健康成长，快乐相伴

四幼知春里园以“健康成长，快乐相伴”为活动主题，以运动为主线，让孩子们在活动中体验快乐，充分发挥体育特色的优势。园所发挥教师的集体智慧，共同商定出儿童节活动方案，设计开展了庆“六一”启动仪式、长卷绘画、欢乐水世界、民间体育活动展示、运动游戏嘉年华及社区儿童庆“六一”亲子活动等。整个“六一”活动周活动丰富，内容新颖，每项活动都做到精心设计。在启动仪式上，启用了孩子们喜爱的“喜羊羊和灰太狼”的卡通角色，通过这一家人来到幼儿园作为引入，烘托了活动气氛；在欢乐水世界活动中，孩子们与家长共同准备活动装备和器械，孩子们在活动中表现出了勇敢与机智，更收获了快乐和成长。为了避免节目排练起来太枯燥，园所把孩子们日常的排练进行了艺术加工：跳竹竿时穿上民族服装，跳绳运动时配上音乐演变为花样跳绳，跳皮筋时加上韵律和队形等，每项活动都充分考虑到孩子们的运动健康性与快乐性；年轻的老师们也跳起精心编排的欢快的韵律操献给孩子们。此次活动收获了良好的社会影响，树立了集团幼儿园的新形象，集团文化得到了更好的彰显，还得到了电视台的来园采访。孩子们收获了快乐与成长，老师们收获了幸福与发展，家长们收获了满意与自豪，园所收获了提升与赞扬。在采访中，家长说:“幼儿园的每个活动都是精心准备的，老师们敬业，家长和孩子一起体验，我们感到很开心！”家长对园内设计的闯关卡活动给予了肯定，认为闯关卡活动既有纪念意义，还涉及孩子们的健康发展标准，让家长更加了解孩子们的发展。

快乐成长，放飞梦想

五幼万泉河园以“快乐成长，放飞梦想”为主题，结合阅读特色开启了“六一”欢乐周主题系列活动，开展了绘本故事表演活动。老师和孩子们将绘本故事创编成童话剧，利用多种艺术手段畅想孩子们的快乐生活。孩子们用自己的小手和丰富的想象力装饰演出服饰，打造精彩的童话世界。孩子们天生就喜爱表演和幻想，在童话剧准备过程中，他们相互合作，学到了知识，丰富了情感，学会了合作，培养了表现美、创造美的情趣，真正理解和体会了快乐的含义。六月一日，以“欢乐绽放”为主题的文艺会演将“六一”欢乐周活动推向了高潮。在老师们的辛苦编导下，孩子们穿上盛装，在这个快乐的节日，表演了一部部生动有趣的童话剧、舞台剧。孩子们认真扮演每一个角色，淋漓尽致地展现了角色的风采，并将故事阅读、人物分享和表演融为一体，展现了自我。大家载歌载舞，欢乐地度过这个快乐的节日。家长们也积极参与活动，有的为孩子们拍照；有的为孩子们装扮；有的为孩子们排练节目出谋划策，有的提供演出的服装道具。大家齐心协力为“六一”活动的顺利进行而共同努力，幼儿园里弥漫着浓浓的节日气氛。家长们是场下的观众，同时也是孩子们忠实的“粉丝”，为他们鼓掌、喝彩，场上场下形成了良好的互动。看到孩子们在舞台上的精彩表演，家长和老师们感到很欣慰也很激动，园里充满了欢声笑语，孩子们像一朵朵蓬勃生长的花朵，快乐的童年在这里定格，印刻在了孩子们的记忆里。孩子们用天真活泼的笑脸，用美好纯真的方式表达自己的心声，展现童年的风采。在这个欢乐的日子里，孩子们走进了童话世界，变成了快乐的小天使，在一个个故事中发现真、善、美，体验大胆表现、展示自我的快乐。

向快乐出发，做幸福明天人

五幼东升园在“六一”狂欢周活动中不仅收获了孩子们天真的笑脸，同时也收获了家长的肯定。在活动中，大家体验了快乐，还原了孩子们的本真。在活动启动日，我们将老师和家长的爱深深地传递给孩子们：走过红毯，家长将孩子交到老师的手里，一个惜别的眼神，一个热情的拥抱，让孩子感受自己在爱的温暖中。园所准备了泳池、滋水枪和小雨衣，让孩子们在节日中体验不一样的幼儿园生活，尽情享受节日的快乐，解放天性。之后的活动，依据园所多元文化的国际化特色，让孩子们了解各国服装、文化和美食等，打开了他们的视野。“国际美食汇”的活动，孩子和家长共同在家制作各国美食，不仅增进了亲子关系，还激发了家长们的聪明才智，他们利用各种不同的材料来制作美食，让孩子们迫不及待地要尝一尝。在艺术日，孩子们发挥了自己的想象力，和家长们利用各种废旧材料制作了不同的潮流服装，并邀请家长们一起来参加时装秀。时装秀分为小班亲子秀、中班和大班幼儿秀、教师秀和特色服装秀，大家穿着自己制作的服装，自信满满，意气风发，孩子们像是一个个含苞欲放的花朵，光彩照人，家长们也被激发出无限的表演潜能。此起彼伏的掌声、惊喜的尖叫声，将活动推向了高潮。

爱与责任相伴，奉献与付出同行

六幼金沟河园以“我的节日我做主”为主题，启动了“六一”欢乐周的各种准备活动。园所以“致家长一封信”的方式说明活动的目的、意义、形式和内容，由孩子和家长一起投票选出自己最喜欢的、最想参加的活动，激发了大家的自主性和参与性。活动方案以孩子们的需求为基础，以快乐为原则，力求创设轻松、愉悦的游戏氛围，给孩子们留下深刻的记忆。园所将“六一”活动融入幼儿园的半日活动中，老师们调整了各班的表演区和美工区，让孩子们在区域内商量角色和练习节目内容，并制作演出所需要的道具。这学期，中、大班在户外开展了花样排球和跳绳的练习，这次活动，老师们将音乐融入其中，音体结合，让孩子们在节奏中有序表现，既体现了团结合作，又提供了个人的创造性表现空间。

大班的音乐剧和童话剧更是凸显了孩子们自信、有勇气、敢于挑战和善于合作的良好品质。如果一个角色有多人选择，孩子们之间就产生了竞争，他们通过表现，让大家投票选出合适的人选。在这个过程中，孩子们自己摸索着学习方法，端正了学习态度，真正体现了《3~6岁儿童学习与发展指南》中提到的积极主动、认真专注、不怕困难、敢于挑战的良好学习品质。

观念的转变，让“六一”活动不再是单纯的表演节目，大家更加关注过程性的内容，如选择的过程、投票的过程、方案制订的过程、练习的过程，无不体现了老师们思想观念的转变。孩子们更是在同乐日、童话日、童趣日、童画日、同庆日中体会着快乐、参与、挑战、自信、创新、勇气与责任，同时他们也深深地感受到了老师们对他们爱的付出。“六一”欢乐周虽然结束了，但是我们的教育还在继续，我们的责任还要延续，我们的爱还在传递，我们一起付出着并快乐着。

快乐地发展，愉悦地成长

六幼小灵通园围绕“王子与公主的盛宴”这一主题开展了一系列活动，激发了孩子们的自主性，增强了孩子们的自信心，同时促进了家园共育工作的开展，让每一位参加活动的家长感受到了明天集团的文化和教育理念，为园所付出的一切努力而感动。活动共分为五个主题：爱是惊喜、爱是规矩、爱是自由、爱是支持、爱是欣赏，每一个主题都蕴含着丰富的教育目标和意义，带给孩子们全新的、不一样的感受，让他们充分感受到了儿童节是自己的节日，是快乐的节日，是自我绽放的节日。

为了充分发挥家长参与活动的积极性，促进家园配合，我园改变了以往在儿童节当天开展幼儿表演节目的单一形式，采用“六一”欢乐周的形式，并确定了“王子与公主的盛宴”的主题，依据主题组织了一系列有意义的活动。在欢乐周启动仪式之前，我们首先制作了精美的邀请函，在邀请函中重点介绍了本次活动的主题、目的、内容及需要家长配合的部分。让家长感受到活动的仪式感，认识到幼儿园开展本次活动的最终目标是让孩子快乐发展，调动了家长的积极性，转变了家长观念，突出了家园互动和亲子互动。

在活动中，孩子们可以真正做自己节日的主人，感受节日的快乐。老师和孩子们一起收集纸箱、设计绘画稿，并共同搭建城堡、摆创意造型。老师们全程是孩子们的陪伴者和引导者，让孩子们自己做主，锻炼了他们的自主能力和思维能力。设计和制作的过程，既培养了孩子们的动手能力，又培养了他们的团队合作能力和沟通能力。

在红毯走秀环节，“王子与公主的盛宴”正式开启，园内迎来了活动的高潮。往日的阳光直射的温暖天气变成了多云朦胧的凉爽天气，孩子和家长们盛装出席，踏着红毯迎接属于自己的节日。“中国特种兵”“阿拉伯王子”“埃及法老”“韩国王世子”等各种造型抢镜，更有身着龙袍、头顶冕旒、脚踩四方步的“帝王”现身会场，引起一片尖叫。除了这些光彩熠熠的男主角，更夺人眼球的还是仙气又美丽的公主们。“花木兰”“花仙子”“白雪公主”“朝鲜美女”“印度新娘”“艾莎公主”等，各种公主造型不断惊喜亮相。在红毯上，孩子们牵着家长的手走向台前，活泼大方，画面温馨又幸福。红毯两旁的家长和老师们都化身成了“娱乐记者”，拿着相机的、举着手机的，你插空、我抓拍，争先恐后为孩子们记录下童年的快乐。走秀结束后，午宴开始，“王子”和“公主”结伴用餐，园所特意为孩子们准备了自助午宴，漂亮的桌布，干净、整洁的餐具，色香味美的食物……在美妙的音乐中，孩子们身着礼服，优雅地取餐、进餐，让家长们看到了幼儿园礼仪教育在日常生活中渗透的成果。在缤纷的活动中，孩子们收获的不仅仅是快乐、幸福，同时也收获了成长。

爱与责任同行，幸福快乐相伴

七幼定西园的全体师生及家长用实际行动诠释“爱”的教育理念。活动分两项进行：捐赠活动、亲子制作。我们倡议全体家长和孩子们一起投入到爱心传递中来，捐赠出自家闲置的衣物和书籍，为那些贫困地区的孩子们献上一份关爱，用实际行动将爱传出去。“予人玫瑰，手留余香”，本次活动将作为园所公益活动的起点，一直延续下去，用爱心温暖更多需要关心的人，用阳光照亮更多人前行的路，将爱心传递变成一场永不停歇的接力赛。

为进一步增进亲子间的互动性与合作性，培养孩子们的动手能力、创造力及想象力，激发孩子们制作的兴趣和尝试探索的欲望，园所开展了亲子手工活动。孩子们通过穿、粘、画、涂等方式，由家长在旁引导和协助，顺利地完成了手工制作。孩子们将自己动手完成的作品赠予小伙伴和老师们，传递了暖暖的爱意。本次活动不仅增进了亲子感情，还通过爱心捐助、赠送礼物的活动培养了孩子的爱心，也增强了孩子们的动手能力。家长们也在活动中感受到了孩子们的成长。我们希望能给予孩子们更为广阔的交流互动的平台，让他们能全面地成长。

爱，从陪伴开始

七幼百合花园抓住“六一”儿童节的契机，开展“爱从陪伴开始”的“六一”欢乐汇系列活动，积极创设更多的机会，让每一个孩子的个性得到释放，潜能得到充分的发挥，也让家长进一步感悟相互陪伴、携手而行的重要性，拉近与孩子心灵上的距离，让爱从陪伴开始，促进每一个孩子快乐健康地成长。

“六一”欢乐汇系列活动——宣传汇。孩子、家长和老师们穿着节日的盛装，面带灿烂的微笑，迈着欢快的步伐步入红地毯，展现出和谐与快乐的氛围。当孩子将自己设计的邀请函交到家长手上的时候，家长激动地送给孩子大大的拥抱与亲吻，这就是最美的亲子时光。家长陪伴自己的孩子在漂亮的背板上贴上心愿卡，希望能和孩子一起实现心愿。

“六一”欢乐汇系列活动——动感汇。“大手牵小手，快乐一起走”混龄情景运动会，为孩子们创造了一个良好的合作氛围，营造了和谐的关爱环境，不同班级、不同年龄的孩子们在游戏中团结、合作、互助，激发了他们参与活动的兴趣。这是一种爱心的传递、相互的陪伴，相信这样的活动会成为孩子们心中最甜蜜的回忆。

“六一”欢乐汇系列活动——分享汇。跳蚤市场开始营业了！孩子们带着从家里整理出来的各式各样的玩具和学习用品，摆上自己设计的精致海报，在家长们的陪伴下进行售卖与交换。家长们从中深刻感受到孩子们在活动中卖的是玩具，换的是成长。

“六一”欢乐汇系列活动——美食汇。在现场制作工坊中，小厨师们大显身手，在食堂老师的指导下制作出美丽的水果拼盘、各色的卡通面点、小巧可爱的饼干及香喷喷的粽子。孩子们在品味美食的过程中了解了北京的饮食文化，开阔了视野。在美食分享会中，充满童话色彩的环境、充满童趣的美食拼盘吸引孩子们驻足观看与品尝，他们脸上都洋溢着幸福的微笑。通过制作美食、品尝美食，孩子们体验到劳动与创造所带来的收获与喜悦。当他们把自己制作的美食与家长们分享后，家长们欣喜拥抱与亲吻孩子的感动场面依然留存在老师们的脑海中。

“六一”欢乐汇系列活动——欢庆汇。在《精忠报国》的音乐声中，文艺会演拉开了序幕。歌声阵阵，唱出节日的乐章；舞姿翩翩，舞出成长的节奏。节目汇集了舞蹈、歌曲、童话剧、魔术、律动等，无不诠释着童年的缤纷、梦想的飞扬和成长的喜悦。孩子们的表演稚嫩中透着可爱，顽皮中透着成熟，最后家长与孩子们一同表演了明天集团的园歌《让爱传出去》，把活动引入了高潮。

爱与责任同行，快乐成长相伴

七幼沙沟园开展了“爱与责任同行，快乐成长相伴”主题教育活动，并对细节、环节进行了细致的把控。每项活动都有明确的时间、责任人和流程。活动当天，全园举办了二十个体验活动，共两百多名孩子及其家长参加，老师们运用教学智慧，精准计算、调配活动参与时间和活动人数。活动组织得井然有序，孩子和家长们都兴致勃勃地全身心投入活动中。

老师们在活动中转变了观念，孩子的节日孩子做主，老师放手，充分尊重孩子们的意愿。老师们在活动中不断思考、实践，使得整个教师队伍得到了提高与锻炼。教师队伍的凝聚力得到了增强，为了一个共同的任务和目标，大家相互出谋划策、相互帮助、相互鼓励、相互配合。活动使老师们心与心贴近，为集团发展而自豪。年轻的老师们在活动中迅速成长，担当活动负责人。他们借鉴国外活动，并根据孩子们的想法，策划定向寻宝、解救公主等深受孩子们喜爱的游戏，得到孩子和家长们的高度认可。孩子们开心的笑脸，家长们发自肺腑的感谢，成为老师们奋发进取的动力，职业的价值感和幸福感也被激发。老师们在活动后兴奋地说：“我幸福着，我快乐着，我努力着，我骄傲着！”老师们的大型活动策划组织能力也得到了提升。系列活动让家长们进一步了解了集团文化、办园理念等，集团、园所形象得到了很好的宣传，好评如潮。中三班赵安琪的家长感言：“作为家长，我为孩子能在这样轻松、快乐、真诚、科学的教育环境中成长，深深地感到欣慰与高兴，满意与自豪。”

传递快乐，感恩美好

八幼上地园通过东西方艺术文化展示、高品质亲子陪伴、爱心义卖、家长文艺演出、闯关游戏等丰富多彩的内容，让孩子们在自主游戏中感受快乐、在分享中得到成长、在关爱中学会感恩。多元素庆祝活动将这个与众不同的欢乐周推向高潮。家长们多才多艺的演出拉开了活动序幕，孩子们坐在台下，观看家长们的精彩表演，笑声与掌声此起彼伏。当我们把“从孩子角度出发”的理念传递给家长们的时候，家长们不仅信服，并且非常支持，各班家长都献计献策，最终达成一致，由家长们为孩子们准备一台节目，让孩子们度过一个快乐的儿童节。紧张的排练开始后，很多家长都是在下班后匆忙赶往幼儿园，为一句台词、一个动作反复琢磨。老师们也在下班后集体练习。

功夫不负有心人，在经历了十多天的排练之后，终于迎来了正式登台的那一刻。参加表演的家长们自信地站在台前，他们的一舞一动虽然不专业，但那种认真、执着的心态，充分表达了他们心底的那份柔情。爸爸妈妈展现给了孩子们最好的一面，同时也把快乐传递给了孩子们。老师们同样本着“爱与责任同行”的理念，轻轻唱起 *You Raise Me Up* 这首歌，将信仰、坚强、勇敢传递给孩子们。演出后的自主闯关，给家长和孩子们提供了亲子共享的快乐时光。如“大海逃生”游戏，亲子要共同在一首乐曲中完成规定动作才能安全离开；“挑战指压板”游戏，家长不仅要光脚走在指压板上，还要背对背地和孩子运送气球；操场上的水枪大战更是激烈无比，当孩子们集齐七枚贴纸之后，按照花蕊的颜色找到自己的礼物，在这个过程中充分感受了亲子合作、勇敢挑战，分享成功的喜悦。除了演出和闯关，还有生日会和丰盛的自助餐，这一天的活动真是多姿多彩。

“六一”欢乐季，快乐出发

八幼佳园园“六一”欢乐季启动仪式上，音乐响起，孩子们走过红毯，接受老师的节日祝福和礼物，温暖的拥抱、家长的合影都定格为美好的时刻。随后，中、大班的孩子们参加羊角球操表演，在欢快的游戏中感受颜色、图形、数量、队列的变化与组合，积累数学经验；小班的孩子们有模有样地拍着球跟老师做游戏，将启动仪式推向了高潮。最后，各班沉浸在丰富多彩的体育游戏活动中，特别是水枪大战，孩子们在水花翻飞处绽放笑容，释放天性，享受快乐。此次启动仪式以“快乐游戏”为出发点，让孩子们充分体验浓浓的节日氛围，在各领域全面发展，延续爱的传递，在爱里成长。

快乐记忆彩绘活动。用心描绘节日色彩，表达心中喜悦。活动中，孩子们用稚拙的线条、明亮的颜色大胆表达他们看到、感觉到、想象到的世界，用童心妙笔画出了一幅幅以爱幼儿园、爱小朋友、欢度节日为题材的画卷，他们全神贯注地投入其中，或兴奋，或激动，或安静，充分展示着生命的活力。一个个精彩的瞬间，留下美好记忆。孩子们有序穿行在质朴自然、色彩丰富的长卷之间，感受完成作品带来的自信，欣赏同伴作品的美好，在作品分享中丰富审美经验。活动后，各班的画卷在操场外围进行了展示。画面洋溢着纯真的童心童趣，感染着老师们，也让家长们感受着童年的美好，对幼儿园的教育理念更加了解。

园所还开展了“快乐健康，畅享美食”活动，包括制作美食和分享品尝。孩子们根据商量好的美食主题，自己选择材料进行制作，有的分工合作，有的独立完成，有的乐于尝试，有的胸有成竹，有的小心翼翼……个个都有模有样，做得不亦乐乎，意犹未尽，场面十分温馨热闹。最后，各种美食在孩子们和老师们之间分享，孩子们品尝蛋挞、比萨、寿司、饼干、水果沙拉等，脸上都洋溢着满足和快乐。该活动使孩子们发展了动手能力，养成了良好的卫生习惯，体验了劳动的艰辛和分享的快乐，增进了相互之间的沟通、交流，成为孩子们学习的活课程。

园所还开展了化装舞会，孩子们兴奋地和同伴讲述着自己的角色，专注地制作属于自己的道具，随后，各具特色的面具、丰富多彩的花环和礼帽、尊贵高雅的王冠、俏皮可爱的节日帽等道具呈现在大家面前。活动中，孩子们大胆地用自己喜欢的方式进行艺术表现和创造，富有个性地表达自己的情感和体验，与同伴一起为表演做准备，感受成长的快乐。化装舞会将为期一周的庆祝活动推向了高潮，并圆满闭幕。闭幕活动在欢快的羊角球操表演中拉开序幕，步伐整齐、庄严威武的升旗仪式，花样百出、轻松互动的花式跳绳、花式篮球展示，青春活力、动感时尚的教师舞蹈，童话世界、卡通王国、中华风韵等主题的儿童走秀表演……各种活动赢得了家长们的热烈掌声，掀起一个又一个高潮。活动中孩子们勇敢、自信、合作、想象和创造的品质得到体现，家长激情的表演是最好的陪伴和支持。

爱与责任润心灵，快乐成长相伴一生

九幼永泰园利用园所的教研活动进行了研讨，使得“六一”系列活动的每个小主题都更加有意义，能够做到让孩子们喜欢、家长们满意。我们的活动第一次有了庄严的启动仪式，孩子、家长和老师们身着正装，手持园长精心书写的邀请函，踏着红地毯，在背板上认真地书写上姓名并印上手印。大二班的孩子们化身为小礼仪员，身披绶带，热情迎接大家。通过启动仪式，每一位孩子和家长都对“六一”活动产生了浓烈的正式感和敬畏感。我们不由得想到《小王子》中的一段话：“仪式是什么？它就是使某一天与其他日子不同，使某一时刻与其他时刻不同。”很多时候，生活是平淡的、匆忙的，而仪式感对于生活的意义就在于，用庄重认真的态度去对待生活和工作中的每一件事情。大家同心协力认真做好每一件事情，才能真正发现生活和工作中的乐趣。多一点仪式感，让某些时刻变得特别、变得美好，适用于孩子，也适用于每一个成年人。

此次“六一”活动，全员集中的大型活动与各班分散的活动相结合，既让孩子们体会到了活动的快乐与热烈，又展现了各年龄班的特点与活动目标。如“我是好爸爸，我是好妈妈”的活动，请孩子们带一个“宝宝”到幼儿园，体会照顾宝宝的不易，体验父母养育自己的辛苦，增强他们的责任意识。再如“把爱留下来”的活动与活动区活动相融合，大、中班利用活动区时间到中、小班表演区教操，小班利用活动区时间为即将来到幼儿园的新小班制作礼物，大班还在益智区为食堂制作门帘。“六一”活动在日常活动中的开展，使孩子们能够时时刻刻感受到爱就在我们的身边，爱陪我们一路同行，传递、收获更多生活中的爱。更加不同的是，家长们参与了每个活动的准备和实施，以此来了解活动的目标、内容等，可以全面直观地了解孩子们在幼儿园的一日活动，同时也培养了亲子之间的情感。我们还举办了专场活动“爱的成长迹”，家长们将孩子们成长过程中的许多事例做成小视频和大家分享。大家相互学习，彼此借鉴，共同受益。如小班的卓阳小朋友，妈妈是小学老师，平时对孩子的教育很严厉，此次自己报名分享孩子的成长迹故事。在讲到孩子生病后妈妈非常着急，宁愿自己生病也不愿孩子发烧时，卓阳竟抱着妈妈的腿感动地哭了，孩子真的能从中体会、感受到爱。此次“爱与责任同行，快乐成长相伴”的各式活动都是对接《幼儿园教育指导纲要（试行）》《3~6岁儿童学习与发展指南》

的落地活动，没有精英式的彩排，而是真正将发展孩子们的能力放在了活动的首位，为他们的一生成长打下了良好的基础。活动前后，老师们围绕活动的开展准备和反思进行交流，这种经常的交流使每一位老师更具灵性、更富有情感，增加了幸福感与归属感。

爱在明天伴我成长，精彩无限放飞梦想

九幼安宁里园的“六一”活动以系列活动的多样形式展现。让爱在明天集团伴随孩子的成长，让孩子度过一个精彩无限的“六一”节日，放飞快乐梦想。伴着清晨的暖阳，迎着和煦的微风，盛大的“六一”系列活动拉开了序幕。在悠扬的音乐声中，孩子们和家长们穿着正装走上红毯，通过气球门。启动仪式中，园长祝福的话语，家长们勉励的嘱托，孩子们热切的希望，都是我们“六一”活动最美的音符!“六一”系列活动之“爱的画语”开始了，全园以班为单位，小班的雨伞、中一班的帽子、中二班的手绢、大班的文化衫，都各具特色。孩子们运用色彩，大胆地将创意展现在图画中，每一个孩子都很专注，笑意始终写在他们的脸上，这也正是“爱的画语”这个活动的精髓，孩子们的涂鸦作品描绘了一个又一个的惊喜。

家长们领悟了集团“爱”的理念，不光家长的陪伴是爱，孩子与孩子之间的陪伴也是爱。他们一起观看木偶剧、儿童剧、音乐剧，在绿色出行的路途中相互谦让，一起嬉戏，并在班级微信群中分享这份快乐，让安宁里园这个大家庭更温暖。

孩子们和家长们利用各种物品创意制作广告背板，一起开启了“六一”系列活动的“爱的分享”活动。活动增强了孩子们的合作能力和竞争意识；物品交换锻炼了孩子们沟通与语言表达的能力；捐赠活动让孩子们心中有他人，学习分享、共生，体会自己的爱传递出去的快乐。所有班级的桌子被拼成了一个大长桌，孩子们在老师和家长志愿者的引领下，齐聚在长桌

旁，大家相互品尝制作的食物，其乐融融，让爱在心口间传递。

孩子们还用自己的才艺来表达对其他小朋友节日的祝福，钢琴曲的优美，二胡独奏的悠扬，舞蹈的柔美，歌曲的婉转，充分展示了每一个孩子无比自豪，无比快乐的心情。

爱在明天，幸福永远，感谢集团“三个高地”的思想让我们的活动充满浓浓的仪式感！感谢家长们热心的支持让活动圆满成功！感谢孩子们，蓓蕾初绽，无比风光！感谢老师们，辛勤耕耘，沐浴芬芳！“六一”，在大写的爱中精彩绽放，爱的责任是永恒不变的主题，我们准备好了，向着精彩出发。

爱与责任同行，快乐成长相伴

九幼锦顺园开展了“爱与责任同行，快乐成长相伴”的“六一”快乐童年周系列活动。夏日的清晨，伴随着明媚的阳光和喜悦的笑脸，系列活动以盛大的仪式拉开了序幕。气质优雅、纱裙飞舞的小淑女和举止文明、身穿礼服的小绅士牵着爸爸妈妈的手盛装走过红地毯，把象征着希望的心愿卡贴在爱的祝福墙上。爸爸妈妈细心地为老师们系上了代表着美好祝福的五彩丝带，“爱与责任同行”“快乐成长相伴”两个巨型条幅同时从楼顶滑落下来。最精彩的是砸金蛋的环节，金花四溅中，红色卷轴“爱的成长体验日”“爱的礼物交换日”“爱的阅读分享日”“爱的陪伴欣赏日”“爱的庆祝欢乐日”系列活动内容徐徐向大家展开。

在“爱的礼物交换日”中，孩子们精心准备了神秘的礼盒，伴随着欢快的《找朋友》的旋律，孩子们在相互拥抱中交换礼物，童年的友情充满了纯真，爱的温情在彼此握紧的小手中传递。在主动交往中，孩子们学会了恰当地表达自己的情感，“祝你开心快乐地成长！”“我们做个朋友吧！”他们体味了真挚的友情，在甜甜的笑声中感悟了爱的力量。

在“爱的成长体验日”中，幼儿园开展了以“幼儿成长迹”为主题的展览，分别通过展台区、展板区及成长小故事等多种角度、各种方式帮助孩子们回味成长中的那些甜蜜时光。家长们和孩子们都化身为讲解员，将成长中有趣的故事娓娓道来。孩子们看到展台上那些曾经自己最心爱的玩具，都很兴奋地讨论起来，彼此相互介绍着。他们一边把小时候的帽子、围嘴等拿起来放在身上比一比，一边说着："太小了，我长大了！"我们邀请家长们走进课堂，借助多媒体形式和孩子们交流小时候的故事。快乐、美丽、幸福的瞬间都清晰地展现在了大家眼前，孩子们不仅了解了成长中自己的变化，也渐渐感受到了爸爸妈妈在他们的成长中所给予的无私的爱。

"爱的阅读分享日"中，我们请来了北京新阅读研究所客座研究员、北京七彩阅读绘本馆的闫老师，带领孩子们一同走进绘本的世界，阅读了《猜猜我有多爱你》《也许的样子》《我哥哥》等绘本故事。孩子们用语言和肢体动作来表达自己对亲子情、手足情、友情的解读和感受。

在绘本美工创想活动中，孩子们用小手蘸满五彩的颜料，印出了班级的爱心树，用各种图形进行创意粘贴，用手中的画笔描绘爱的世界，领略世界的美好。我们整理出一份让人感动的爱心绘本书单，推荐给爸爸妈妈，继续表达爱的情感，感受爱的温情，传递爱的力量。

陪伴是最长情的告白，在"爱的陪伴欣赏日"中，家长们用行动践行了高质量的陪伴，和孩子们一起走进剧院，学当文明观众的礼仪，去感受童年的乐趣，领略艺术的魅力。他们还在幼儿园进行照片分享活动，表达自己的感受，分享自己的见闻，介绍喜欢的故事情节，体验有爱陪伴的幸福。

放飞梦想，与爱同行，精彩创意，我行我秀

十幼铁路园为了给孩子们过一个难忘的、有意义的节日，开展了以"爱与责任同行，快乐成长相伴"为主题的"六一"狂欢周活动。园里投入巨大的人力和物力，老师、保健医、家长志愿者、厨师和保安把幼儿园

的边边角角都装扮起来，精心打造出恐龙乐园、机器人天地、科普画廊、小小动物园、艺术天地等孩子们喜爱的活动空间。狂欢周开始的头一天，功能教室里比平日多了许多忙碌的身影，原来是家长志愿者来到园里参与科学艺术展览的布置工作。家长们在老师的带领下有序地忙碌着，短短的一个多小时，各个展区全部就绪。在布展的过程中，奶奶团队戴着老花镜、拿着小剪刀，跟老师一起装饰孩子们的画框；爸爸团队身强力壮，凸显蚂蚁精神，几人一起运送百来斤的大树桩；妈妈团队更是智慧设计、精美布展。

狂欢周的开幕式上，孩子们用稚嫩的声音把爱传递到幼儿园的每一寸土地，老师和家长们发表爱的宣言，回响在幼儿园的每一个角落。幼儿园是个友爱的大家庭，在园领导、老师的辛勤培育下，孩子们学会感恩、学会爱的表达、学会分享。狂欢周的第二天，根据大、中、小班孩子们的不同特点，园里举办了“护蛋行动”“当一天妈妈”等游戏，还有意想不到的戏水节目——打水仗！幼儿园为孩子们准备了蓄水池、水枪，还贴心地准备了雨衣，玩水可是孩子们的最爱啊！灿烂的笑容挂在每个孩子脸上，他们快乐的笑声此起彼伏。孩子们太幸福了，很多家长甚至表示想加入到孩子们玩耍的队伍中。

在儿童节当天，爸爸妈妈可以和孩子一起参加园里组织的大型游艺活动，清早大门一打开，迎接大家的是可爱的米老鼠、美丽善良的白雪公主、憨厚可爱的小矮人，还有机灵的小黄人，孩子们沸腾了！家长们纷纷举起手机拍照，希望留住这美好的时光。早餐后，游艺活动正式启动，园里安排的活动真是丰富多彩，有引人入胜的企鹅保龄球、步步惊心的海底探秘、活泼有趣的剪羊毛、拼体力的大力士……真是让人眼花缭乱。更有意思的是很多有趣的科学小实验，收集空气、水的张力、磁铁游戏等，真是太神奇了。

爱不是停留在口头

通过“爱的百种语言”“爱与责任同行”等爱的主题教育活动，让明天大家庭充满爱的温暖，而爱则充盈在明天人的行动中，落地于明天人的言行上。教师们的改变很大，在感动之后，他们将爱的善意渗透至行动中，体现在“从内心深处来爱每一个人”，相互关心、相互支持的新氛围正在默默地形成中。

爱一个人，你就想他好。这是最简单、最朴素的爱。爱幼儿，所以我们想尽办法为幼儿奉献上最好的教育，尽我们所能为幼儿提供最好的教育环境，最重要的是提供最好的教师。爱教师，我们就为教师提供最好的成长机会，我们就把培训做好，把最好的福利奉献给每一个教师，让他们在成长中体验幸福，体验爱。由此可以看到，爱是明天事业的连接，是明天干群的连接，是明天师生的连接。

面对一声声稚嫩的“老师早”“老师好”时，教师们心中充满了从未有过的快乐。看着一张张天真烂漫的笑脸，教师们激动无比；和幼儿一起做游戏，教师们快乐无比；听着幼儿用童稚的声音唱着美妙的歌曲时，教师们幸福无比！与幼儿在一起的氛围是任何现代装饰手段都无法营造的，望着一张张甜美可爱的笑脸，一切的烦恼与忧愁刹那间消退，生活的诗篇在眼前飞扬，使我们心田灿烂，温馨无比。大家总是说：“家长把天真烂漫、聪明伶俐的孩子交给我们，这是对我们最大的信任，我们又怎能不全身心地爱他们呢？”

通过爱的教育，教师们接受了一次深刻的初心教育，再一次去反思教育的信仰和日常的行为，再次去检讨我们对待幼儿成长的态度，再一次去思考我们是不是真真切切、完完全全照着《幼儿园工作规程》《幼儿园教育指导纲要（试行）》和《3~6岁儿童学习与发展指南》去要求自己，是不是以真诚和热爱之心去对待我们的领导、同事和下属，是不是以甘于奉献之心去对待我们共同的事业。我们发现，通过爱的教育，教师对待幼儿更有爱心了，对待工作更加认真了，面对任务时抱怨更少了，对待同事也更真诚和热情了，人际关系日趋和谐。

转变要从思维开始

人最难改变的就是思想，但是要想进步，最需要改变的就是思想。明天集团的事业进步在本质上就是明天人思想上的进步。思想认识不到位，干什么都是事倍功半。干工作，如果心不甘情不愿，怎么能干好？更不能讲什么主动性与积极性。要想把事情做好，首先就得让人愿意做，想做，这就是思想认识层面的问题。

人的思想真的很复杂

从哲学范畴来讲，思想是世界在人脑中的反映，世界如此复杂，作为观念的思想更加复杂。在人的思想中，最重要的是“三观”，就是“世界观、人生观、价值观”。世界观就是对我们身处的这个世界的根本看法。人生观就是对人类生存的目的、价值、意义和根本看法。价值观，就是对事物价值的根本观点和看法。要改变一个人的思想，或者要改变一个人的情感，必须要从三观开始。三观是在人成长过程中逐步形成的，如何来塑造和改变，这既是思想政治教育的问题，也是集团化管理的重要问题。

需要价值观教育

哲学在最早是智慧的学问。我们之前做培训，有思想政治方面的培训，有专业方面的培训，但是哲学方面的培训却不多。可能有人会有疑问：在幼儿园做哲学教育似乎有点太高深了？教师们愿意听吗？听得懂吗？有什么用呢？事实证明，教师们愿意听，也听懂了，更是非常有用。我们邀请了北京师范大学知名思政专家王炳林教授来集团讲授哲学，讲授三观，讲授“社会主义核心价值观、做四有好老师”，将“爱国、敬业、诚信、友善”的核心价值理念与个人价值观连接起来，与做“有理想信念、有道德情操、有扎实学识、有仁爱之心”的“四有好老师”连接起来，助推明天集团树立正确的价值理念，要促使明天人以中华民族伟大复兴为己任，以献身学前教育事业为担当，自觉地提高师德水平和专业能力，也在师师、师生的共处关系中和睦友好、相互尊重、相互关心、相互帮助，为凝结新型的明天人事关系奠定好价值观的基础。

破冰就是开始

破冰是当前比较流行的培训术语，原意是指破除冰块，让航船通行。现在指的是在拓展活动中，打破人际关系中的壁垒。破冰主要包括三个步骤：运动、接触和消除。为什么我们要想到用破冰来作为开始？因为我们发现，明天集团团队建设的一个重要问题就在于，存在着情感、沟通和交流等方面的隔阂。直接感觉就是不够热情，不够融入，不够开放，也就是员工之间交流少，交往少，容易造成我不知道你怎么想，你也不知道我怎么想的情况。每个人都是独立个体，这对于以育人为根本目的的教育组织发展是最可怕的事情，比流程、方法、工具不恰当的破坏性更大。

我们曾对幸福有个定义，就是“欣欣向荣的生命状态”。在正确的世界观、人生观、价值观的支持下，人如何呈现出一种积极向上、蓬勃发展的状态？尤其是作为团队人、社会人来说，如何来成就欣欣向荣的生命状态？如果把生命比作一棵成长的苗，如果要想更加健康茁壮地成长，首先就必须要给它松松土。这个松土的过程就可以称之为破冰。“不破不立，破而后立”，破冰就是要对原有的人事关系进行一个梳理，让人成长的氛围更宽松和融洽。什么是管理的核心？所有的管理学教材都指向一个答案：人际关系。人际关系按照我们的理解就是明天人之间的心理关系和心理距离。我们期望明天人之间应该是真诚的、热情的、相互关心和帮助的、具有同情心和同理心的，当然首先在于爱，其次是尊重，再次是真诚，然后是关心，最后是同情。从这里可以看到，我们是用爱来营造和谐健康的人际关系基础的。

当时，在全集团十九所幼儿园全体业务干部参加的例会上，集团保教部开展了一个小小的“游戏”——“融化的冬天”变形字。问题抛出：不是字面含义的融化……那究竟应该怎样融化冬天？究竟应该怎样变形呢？各小组经过半个小时的讨论，都完成了变形的任务，风格各异，角度迥然，但是却有一个共同点：都透彻、全面地体现了明天集团对文化破冰的认知与理解。一位业务干部说，当她看到“融化的冬天”这个题目时，最先想到的就是两周前在幸福日记中写到的——“站在门口迎接孩子是件很快乐的事情，除了孩子们天真的笑脸，看保健大夫灿烂的微笑，听她与孩子甜甜柔柔的对话是我的一大享受。感恩保健大夫让我在享受工作的同时更体会到了对孩子真诚的爱是有炙热温度的，在冬季里让我沉浸在暖意中”。很多美而小善的事情总会带给我们阵阵暖流，所以心里是热的，自然不觉得冬天寒冷。因此我们的变形字活动在想法上达到了一致、在头脑中有了雏形。直接产生热量的必然是火，我们将“天”字设计成一堆柴火，而将柴火点燃的正是在集团文化引领下集团总部、集团各园呈现出的种种举措和变化，它们如星星之火将集团十九所幼儿园的心点燃。

在明天集团爱与尊重的大环境下，每一个明天人每天都在体会着什么是幸福，什么是爱，在一簇簇火种的帮助下点燃火堆，迸发出无限的热量去温暖冬天，融化冰雪。而被点燃的“冬”字像什么？她就像一只浴火的凤凰，常说“凤凰涅槃，浴火重生”，明天人在经历一场凤凰涅槃般的修行，打破原有的壁垒，突破旧有的观念，建立新的思想意识……也许这个过程会有痛苦或不适，但走过这个过程，我们就将获得精神上的重生，明天集团的沃土也将焕发新的生机。

案例分享：奥林匹克森林公园定向拓展活动

破冰一定是在团队中的互动与游戏，而户外拓展恰恰提供了这样一个互动的开放空间。户外的氛围与工作氛围不一样，能让团队成员放松心态；以园所为单位的分组，能通过外在的竞争来增强团队的凝聚力；活动中的深度互动，让每个人都能专注于团队的目标，而越过人际关系中的障碍。

我们在奥林匹克森林公园举行了拓展活动，当在抛接球游戏中遇到挫折的时候，每个人的心里都不舒服，因为都希望团队成功。但是由于我们太想尽快成功，反而忽略了游戏的基本规则，细节决定成败，这句话一点都不错，我们在挫折中明白了欲速则不达的真正含义。

有些项目大家一开始都觉得不可能完成，譬如说十人集体连续跳绳。大家尝试过很多次，不断调整人员，在几乎绝望的时候最后一搏，咬紧牙关全队大声齐喊：“1、2、3……10，我们成功了！”大家欢呼跳跃起来，拥抱在了一起。所有人都深深地体会到了团队的力量带来的幸福、满足与快乐，也懂得了“团队”二字的真正含义，那就是沟通和协作。大家还重新认识和体验了团队精神的力量，激发了潜能，有了挑战自我的勇气。

之后各种游戏的成功让我们更加欢呼雀跃，一次次感受到了团队的力量与智慧。通过游戏，我们反思工作和生活能不能也做到简单的事情重复做，重复的事情用心做，成为工作和生活中的赢家呢？这值得我们思考和努力。

火从文化开始烧

“一个好校长就是一所好学校”，这句话并不仅仅是强调校长是学校的灵魂，也是强调在办学办园过程中，办学办园思想的高度决定了办学办园的高度。

明天人坚定改革决心，认真研究集团化办园的战略、模式和系统这三个问题，努力探索推动明天系统可持续发展的动因，取得了三个基本的共识：

一是，教育的发展在于管理，管理的关键在于文化，文化的核心竞争力在于核心价值理念，核心价值理念能否发挥作用取决于全体教职工的认同与践行程度。

二是，教师是决定教育质量的关键，能够调动教师工作的积极性和主动性则是发掘教师潜力的关键。

三是，团队建设在本质上就是文化的繁殖，就是将明天精神从总院长传递给全体领导班子成员，从领导班子成员传递给各园执行园长，从执行园长传递给每一位教职工。

明天人怀着革新自我的勇气，确立了“固本强基、守正铸魂、挖掘特色、深谋发展、精创品牌”的基本任务，创新性地将全面文化管理引入明天集团的教育综合改革之中，解决了“在哪里”“到哪里去”“怎么去”这三个关键问题，将文化管理作为改变明天集团现状、解决主要问题、推动改革进程、提升教育质量的首要途径，充分发挥其在四个方面的主要作用：一是成为团结、凝聚全体明天人智慧的精神核心；二是成为引导、激励全体明天人的行动指南；三是成为全体明天人幸福快乐的精神家园；四是成为明天集团的品牌文化标签。

明天集团的“幸福文化”全面管理之路包含了“文”和“化”两个重要组成。“文”就是文化设计，包括共同愿景、核心价值等文化核心要素的提炼；“化”就是文化落地，就是将核心文化要素落实到每位教职工心中，落实到行为、制度和环境上，最终落实到教育的全过程中。

明天集团的全面文化管理，就是以立教育和成长之根为出发点，奠基明天；以铸中华民族之魂为着力点，传承责任；以提教育和生命之质为延展点，深化发展，建构了根、魂、质这三个明天文化的有力支架。

明天集团的全面文化管理，就是致力于实现打造幸福高地的终极目标，就是系统推进“一体三核式”的精神内核挖掘提炼工程（以“求真、立美、至善”为核心的“幸福文化”），“一主多元型”的文化体系构建工程（各园围绕集团核心理念丰富文化体系），“一点多面式”（精神层面、实践层面、视觉层面）的品牌文化创新工程，有效解决了文化建设中的今天与明天、内因与外因、共性与个性、民族与世界这四个辩证关系，以文化建设为基础来凝聚人心、锻造队伍、规范行为、提升质量。

培训是最好的福利

明天集团非常重视文化引领，磨刀不误砍柴工。通过抓好行政会、政治学习、业务学习、教研活动，结合专家讲座、专题培训、案例研讨、专业培训、读书蓄德、外出参观及组织团队拓展训练等研训一体的方式，多路径、分层次引领干部、教师的专业成长。

春天是播种的季节，“让学习成为习惯”这颗种子埋进了大家的心里。孔子学堂的开启让大家触摸到了儒家的精髓，当仁、义、礼、智、信这些久违了的传统文化再次映入大家的眼帘时，大家对此多了些许的厚重与期许，伴随着自省，开始了以真为主、以真为美的工作与生活，开始了做真实的自己。

春天是万物复苏的季节。北京师范大学楚江亭教授的“精致文化编码与孩子培养”、成刚教授的“创新思维模式训练改善心智模式”、欣乐土教育科技发展有限公司董事长杨瑛女士的“幸福+绽放生命”等主题培训，激发出大家心灵深处的渴望，心智模式的改善，让大家的视野逐渐变宽。

文化如真情，慢慢地融化在大家的心里，是如此的温暖、祥和。幸福型组织建设的逐步推进，加深了大家对“幸福”这两个字的理解。幸福快乐是一种态度而不是一种状态，它是一种选择而不是一种索取，《幸福日记》的传递让大家有了一双能够发现快乐与幸福的慧眼，只有心存感恩，生活才会更加有意义。

文化如真情，慢慢地浸入到生命里，是如此的朝气蓬勃、生机盎然，它带领大家去追求美的真谛。也许你会说我们都是平凡的人，何苦如此为难自己。但环境的打造、仪式感的体验却能让人感受不一样的生活状态。不错，我们是平凡的人，做着平凡的工作，但平凡并不是平庸，如何在平凡中体验到真正的生命意义、人生价值，这个念头开始萦绕于大家的脑海。即使没有“修身、齐家、治国、平天下”的豪情壮志，但对于今天的我们来说，却可以不断求变，用真和善来修正自己、鞭策自己，朝着个人的规划和梦想迈进。

文化如真情，在文化中成长，在成长中感悟，在感悟中实践，在实践中实现自我的飞跃。用真情行文化之真、显文化之美、传文化之善。

将传统文化请进干部和教师课堂

中华优秀传统文化是中华民族精神的根与魂，是我们民族的精神品格和命脉。我们认为，明天集团“幸福文化”的创建和革新，要从民族优秀文化的传承开始。怎样传承民族优秀文化？那就要将传统文化请进我们的干部和教师课堂。

基于这样的想法，我们开启了领航工程，首先从干部开始，开展传统文化的教育。我们邀请传统文化知名专家陈怡教授为集团干部讲授《庄子》《论语》《老子》《大学》《中庸》等重要经典，将高端的传统文化培训带入明天人的精神世界。

通过孔子学堂，我们看到了儒家“亲亲”“尊尊”的立法原则，维护礼治，提倡德治，重视仁治的传统思想，重温了“吾日三省吾身：为人谋而不忠乎？与朋友交而不信乎？传不习乎”，听到了陈怡教授对儒家仁学思想的经典诠释，看到了“其身正，不令而行；其身不正，虽令不从”的示范力量，提高了我们的思想境界和认识。而对《庄子》的学习，则让我们置身于《逍遥游》的畅想中，看到了“道”是“有情有信”，但却“无为无形，可传而不可授，可得而不可见”，“道”是宇宙的本体，产生万物的根源，“道”是超越时间、空间的绝对，“先天地生而不为久，长于上古而不为老”。尤其是“无己”“无功”“无名”让我们能够脱出“凡夫俗子”的羁绊，“无己”让我们在头脑中忘掉一切外物，连自己的形骸都忘掉，“无功”“无名”让人消除追求功名利禄的凡念。庄子学堂对我们来说就是一场清洁之旅，让我们放下俗物杂念，走入灵魂的新境界。因此，领航工程的传统文化培训让我们先出世，再入世，暗合朱光潜先生所说的“以出世的态度做人，以入世的态度做事”。对于我们来说，人活着要工作，要做事，不论是为自己，还是为幼儿，为社会，都来不得半点儿虚假和敷衍。日出日落，春花秋月，赏心乐事，酷暑严冬，只要每日都过得充实、有意义，既有益于人，也有益于自己，善莫大焉。

教师学习感悟

庄子为我们呈现了一个超凡脱俗而又自然本真的人生境界：追求高远，

超越世俗。梁启超说："庄子眼光提到极高，心境放到极宽，人世间荣辱得失，无一足以撄其虑。故一面以天地精神往来，一面又不傲睨于万物。"在《庄子》中有个《庖丁解牛》的故事，这个故事中让我们感受最深的是"道"这个字。"道"是什么？"道"是规律，"道"也是一种境界，只有"登假于道""与道同体"才是真正的自由、最大的自由，用当今的话语表述就是最高层次的自由和实质性的自由，就是人类永恒追求的真、善、美，因为"道"就是真、就是善、就是美，更是真、善、美和谐统一的大美，而要达到这种境界的途径就是超越。让我们在幼儿教育的道路上，不断砥砺前行，不断跨越"技"的津梁，不断追逐"道"的规律，行走在天人和谐、物我和谐、人人和谐、身心和谐的大道上！

圣人之言与心灵共鸣

我们的历史上，诞生了很多享誉世界的思想伟人，他们是中华民族的思想瑰宝。老子、孔子、庄子、墨子带来了诸子百家的辉煌，凝结了先秦先人的智慧。无论是"己所不欲，勿施于人"，还是"道可道，非常道；名可名，非常名"；无论是"至人无己，神人无功，圣人无名"，还是"大学之道，在明明德，在亲民，在止于至善"，都给了明天人以哲思的浸润。

躬自厚而薄责于人

"我"，是一切的根源。我们总是喜欢抱怨不公平或不如意的事，以为凡事都是别人的问题，自己无助又委屈。当真正意识到"我"是一切的根源的时候，一切都可以改变。不管出现什么问题，先从自身找原因，认识到自己的不足和欠缺，再积极想办法，调整心态，做出改变并及时沟通，用态度和行动弥补不足。很多时候，只要心态对了，行为就不会错，没有做不好的事情，只有不想做的事情。

有的幼儿园在园所微信群里集体学习曾国藩治家之法。曾国藩把儒家思想剖析得深入浅出，让大家在提升自身修养的同时，一些问题也迎刃而解，例如，读书可以改变命运，人如何达到静的四个等级，自省的方法等。

再读读《弟子规》

我们组织师生读《弟子规》。《弟子规》中要求我们先端正品德，其中包括孝、悌、礼、仁、忠等。在做到这些后，它又讲了一些学习方法，不但要认真学，还要实践，这样才能真正地读好书，成为有用之才。读完《弟子规》后，我们再衡量一下自己的品行，确实有一定的差距。《弟子规》让大家学会了什么是知足，知道了享受现在快乐生活的同时又有积极人生目标的人才是真正幸福的人。在学习《弟子规》的同时，要不时地把自己的行为和《弟子规》的要求对照，看看哪些做到了，哪些差距还比较远，以便规范自己的行为，从小事情、小细节做起。例如“首孝悌”，不管社会地位高低，权力大小，首先要孝敬父母，“百善孝为先”，一个连自己父母都不会孝敬的人，怎么能办大事呢？所以我们要继续努力完善自己，把自己的快乐带给周围的人，让更多的人得到快乐和幸福，为社会和谐和稳定献出自己的一份力。

王燕辉学习感悟

《弟子规》让老师们对“孝”“悌”等有了更深的体会。我们经常喜欢把自己最好的一面展现给外人，留给父母的却是冷漠、任性。我们往往可以和同事、领导、朋友甚至陌生人进行友好的沟通，却和父母说不了两句话。我们可以为了自己喜欢的人，改变顽固倔强的自己，却不愿和父母认个错。我们总是仗着父母爱自己而忽略他们的感受。我感恩有一对爱我的父母，但同时，看着父母越来越老，身体一天比一天差，不禁有了“子欲养而亲不待”的恐慌。我们应该每天多和父母交流，在外时多和父母沟通联系，不要让他们总为我们担心。父母是我们最亲最近的人，不要让我们对父母的爱只出现在朋友圈，爱要大声说出来。

张晶晶学习感悟

《弟子规》让我们把传统教育带入了家庭。我们班有一名孩子的妈妈生病发烧躺在床上，吃过药后正昏昏欲睡，这时候孩子端着一碗水走过来，妈妈问他：“你要干什么？”他说：“我要为你做物理降温啊！就像我发烧时候你给我做的那样！”说完，孩子卷起妈妈的袖子，用水拍着她的胳膊。看着孩子认真的模样，这位妈妈心中是满满的感动和幸福感，那是一种作为母亲的幸福，是爱与被爱的幸福。她感谢孩子小小的举动，更感谢一路伴随他成长的老师们对他的正确引导。俗话说，“百善孝为先”，对儿童进行“孝”的教育，把“孝”的这颗种子种在他们幼小的心灵中，使它生根发芽，最终会收获感动和幸福。

王丽学习感悟

有一次，我在出租车后座看到车内一个宣传牌，上面写着：“《弟子规》讲的‘孝敬’是做人的根本，教您如何处理好‘五伦’关系，身心健康、家庭幸福、生活美满、社会和谐，传统文化改变命运！力行《弟子规》，做好中国人！”牌子后边还插着一本本《弟子规》。这让我眼前一亮，这不正契合我们集团总院长倡导的“学用《弟子规》，弘扬真善美”的文化理念嘛！带着兴奋与好奇，我和司机师傅聊了起来，从聊天中得知，宣传《弟子规》是司机师傅个人发起的，他信服于《弟子规》的传统理念，并参加过专业的《弟子规》培训，曾利用自己的休息时间多次为敬老院做义工、办善事，同时还谈到了核心价值观的践行等，感觉到自己作为首都司机的素质和责任感。在交谈中我不由得对这位司机师傅心生敬畏，作为一个平凡的出租车司机，能够发挥自己的职业优势，走街串巷地传递正能量，为乘客们不厌其烦地讲解中国文化，赠送国学经典书籍，他图的是什么？

更让我感动的是，下车后司机师傅将一摞《弟子规》赠送给我，因为他知道我是幼儿园老师。我抱着书如同担着沉甸甸的责任！感恩有这样为弘扬传统文化无私付出的司机师傅，感恩我是能够用工作去影响人的老师，我们应该利用职业和岗位角色去传播传统文化！

《弟子规》讲解在家、在外、待人接物、为人处世、求学等方面所应具备的一些礼仪与规范，将“弟子规，圣人训。首孝悌，次谨信。泛爱众，而亲仁。有余力，则学文”深深印入我们的脑海，让“孝悌、谨信、爱众、亲仁”内化于心，外化于行，让我们看到传统文化在时代教育中的巨大价值，看到了优秀传统文化凝聚着中华民族自强不息的精神追求和历久弥新的精神财富，是发展社会主义先进文化的深厚基础，是建设中华民族精神家园的重要支撑。重视优秀传统文化在教育中的重要作用，正视优秀传统文化的价值，发掘它们蕴含的力量，争做中华文化的笃信者、传承者、躬行者，正是我们每一个明天人的时代责任。

生命教育在于绽放

在幸福教育的视野下，明天集团在幼儿园领域第一个引入幸福型组织建设的概念，为明天文化全面管理提供有效的载体和工具，承载着明天人的核心价值、共同愿景及对幸福的终极追求。

我们认为：幸福是人们生存和发展的需要得到满足的一种状态。明天的幸福型组织着眼于个体、群体和组织三个层面的发展目标，尊重生命成长规律，建构了蓄能、赋能、释能的幸福生命树，给每个明天人种下了幸福的种子，激发了明天人的主体性、主动性、积极性、创造性，让每个人都获得了物质性、社会性及价值性的幸福，真正实现了个人与组织的共同成长。

核心价值观由自己做主

明天人将“求真、立美、至善”作为明天精神的灵魂和明天人共同认可的行为指引。求真即求教育之真、生命之真，它塑造了尊重规律、诚心正意、实事求是的明天人；立美即立教师之美和幼儿之美，它塑造了以美立人、施教于美、美美与共的明天人；至善即生命至善、园所至善，它塑造了突破自我、持续精进、追求卓越的明天人。“真、美、善”是追求，“求、立、至”是途径。在六字精神的引领下，明天人日新月异以求真，日积月累以立美，日增月盈以至善。

工匠精神就是专业

抓住重点工作的关键环节，将每一项重点工作作为集团文化的练兵场，重点推进“精、细、实”的管理文化，即管理方法上追求“精”，管理流程上追求“细”，管理效果上追求“实”，引导教职工立足工作岗位来践行集团文化，凝结成“事上练、心上修、做中悟、思中成”的成长进阶路径，在教育管理实践过程中注入幸福正能量，实现团队赋能。

幸福本来就存在

“生活中不是没有美，而是缺少发现美的眼睛。”

幸福就是一种觉察，敞开心扉去感受，幸福无处不在。

《幸福日记》是明天人温馨的礼物，是沉甸甸的麦穗，是平静的馨香，是远离尘嚣的净土。幸福需要有一颗感恩的心，对所遇到的一切抱着感恩的态度。知道感恩的人一定是幸福和快乐的。雷海环总院长引导每一位明天人以各自的视角发现、传承着博大的爱与有价值的幸福感，引领我们将日常工作与生活中的心灵修养结合起来，用一颗真诚的心去善待每一个人，收获幸福、感恩他人，发现和谐之美。明天集团各种微信群里都有关于《幸福日记》的交流，大家阅读、感受、共享他人的幸福，感恩团队成员之间的友爱与温情、和谐与团结，感恩教师们的责任心与敬业精神，心灵中都是满满的正能量。这就是雷海环总院长带给我们的幸福宝典：把美好的事情写下来，内心就会充满力量，构建出和谐美好、凝心聚力、积极向上的集体。

《幸福日记》原来该这么写

《幸福日记》是约翰·卡内因写的一篇文章，记述他如何克服困难，获得幸福的心路历程。明天的《幸福日记》则包含了三个部分：感恩、利他、幸福语录。感恩就是要挖掘生活和工作中的幸福，找到他人对我们的奉献与给予；利他就是从帮助他人角度来发现自身的价值点；幸福语录则是我们对幸福点滴的语言凝结。

在集团的倡导下，近千名明天人将《幸福日记》作为生活日常，去捕捉幸福的点滴，成就一篇又一篇的心路感言。

明天人的《幸福日记》

列夫·托尔斯泰说：“幸福的家庭都是相似的，不幸的家庭各有各的不幸。”那明天人的幸福是什么样的呢？

感谢生活的每一天

文/雷海环

早上起来拉开窗帘的一瞬间，我看到阳台上散发着幽香的桂花树、盛开的兰花等绿植，看到它们茁壮地生长，我的幸福感油然而生。感谢它们的陪伴，让我总能发现生命的意义，体验到成长的重要性，感受到其实幸福很简单，一花、一树、一茶、一饭都是幸福的事件，悦纳周围的一切，拥有感恩的心态，会让我们自己每时每刻生活在幸福中。我还要感谢四季的轮回，它生生不息的变换让我坚信一切都是最好的安排，感谢生活的每一天！

爱是家的归属

文/牛歆华

幸福是我们现在谈论得最频繁的一个字眼，也是最难定义的。实际上，幸福是心情舒畅的一种感觉，表现为快乐、高兴、甜蜜、舒服、轻松、自由、祥和、知足、开朗、安全、梦想、追求、成功等。哈佛大学用七十六年的时间去研究幸福从何而来，得出的结论是人生成功的关键是爱。这答案看上去太过普通，以至于让人难以置信。心理学教授瓦利恩特认为，“爱、温暖和亲密关系，会直接影响一个人的应对机制。一个活在爱里的人，在面对挫折时是无惧、勇于面对、勇于挑战的，这样能帮助一个人迅速进入健康振奋的良性循环”。家是我们的归宿。明天集团就是个幸福温暖的大家庭，身为这个大家庭的成员，我感到无比自豪。我要珍惜这一切，我要用一颗感恩的心回报集团对我的培养。

我的幸福源于孩子的幸福

文/韩雯

作为老师，我每天要做无数件琐碎的大事、小事，扮演各种角色，妈妈、老师、大姐姐等。让我坚持下来，不离不弃的理由是孩子的爱。我的幸福感源于孩子的幸福，看着每一个孩子的点滴进步，听到孩子说“老师我爱你”的时候，我就会感觉所做的一切都是值得的。有个孩子某一天对我说：“老师，我梦见咱们班三个老师了，醒了以后我都想你们了！”听到这句话，我觉得自己是这世界上最幸福的人。让孩子从心底接受你、喜爱你，让孩子快乐幸福，是我最大的幸福。

幸福因人而异

文/张春红

幸福的感觉因人而异，幸福的关键就在于个人的心境要舒畅。身为幼儿教师的我，幸福就在于和孩子们相处的每一个细节。我每天都在享受着和孩子们共同生活的乐趣和烦恼，无时无刻不在体验着幼儿教师的幸福。现代人事管理之父罗伯特·欧文曾说：“人类一切努力的目的在于获得幸福。”身为幼儿教师的我，在求得个体生存的同时，也承担着教书育人的责任，更从中获得真正的幸福。我工作着，我幸福着！

生日快乐

文/沈一蒙

幸福是什么？或许是父母健在，有一知己，生三俩胖娃；幸福是有一份工作，心中充满快乐的阳光。幸福是一种感觉，这种感觉应该是愉快的，使人心情舒畅，甜蜜快乐的。甚至也有很多人不知道幸福是什么模样。在我看来，身体健康、工作稳定、能读书旅行、有几个朋友、岁月静好，这就是我的幸福。工作以来，带给我幸福感最多的就是孩子们，他们用最纯真的心给了我太多感动。今天的教师生日会，园里的老师和小朋友们一起为我们庆祝生日，让我感觉好幸福。特别是园长读贺卡内容的时候，我心里暖暖的。最后，我们还收到了鲜花，很惊喜，内心无比温暖。

理所当然的平淡

文/刘博涵

也许是因为一直在父母身边的原因吧，我无法体会那些只身在外的游子对母亲深深的感情。总觉得那是我的妈妈，她为我做的一切都是一个妈妈对儿女应该做的。而我用第一份工资买给妈妈的礼物，每年母亲节花心思去挑选的礼物，每次出游带回当地的特产，我也认为是一个女儿理所应当的举动。我和妈妈之间没有那种轰轰烈烈、惊天动地的感情，有的只是平淡而简单的幸福。每天早上，听着妈妈叫我起床的声音，起床后喝着热好的牛奶，吃完后直接上班走人，这些最平常的事情，我知道叫作幸福。

看着妈妈洗好、晾好我顺手脱下来的衣服，是一种幸福；每天下班就能吃到热乎乎的饭菜，是一种幸福；耳边传来妈妈那令我头脑发胀的唠叨声，也是一种幸福……这些全是平凡琐碎的小事。晚上睡觉时，我总爱踢被子，妈妈给我不厌其烦地一次次盖上；家里的饭菜，总是依我的口味而定；当我像麻雀一样，叽叽喳喳地说个不停，妈妈总是耐心听完；有关我的事情，妈妈总会记在心里。正是这点点滴滴的幸福，让我有了家，有了爱。有些人终其一生都在追逐、找寻着幸福，而我觉得幸福就像是影子，每时每刻陪伴着自己，只需低头就能看到。心若向阳，幸福徜徉。

收获了精神财富

文/佟磊

当身处在整洁的办公环境时，我要感谢保洁阿姨付出的辛勤劳动；当享用丰盛的早、午餐时，我要感谢后勤部门的辛苦安排；当加班或举行大型活动时，我要感谢保安人员时时保障我们的人身安全；当看到孩子们天真灿烂的表情时，我要感谢所有老师无微不至的呵护。是所有员工对工作的热爱、对园所无私的奉献，才让明天集团这个幼教品牌得到社会的认可，得到家长的赞誉。我更要感谢雷海环总院长，她就像我们的大家长一样，给予我们工作和生活上无私的支持与帮助，给予我们实现人生价值的机会，让集团这艘巨型航母有了前进的动力和光辉的航线，让我们收获了宝贵的精神财富。

自觉在团队中

文/高树凤

下午召开保健主任会议，当我提前十几分钟进会议室时，发现所有保健主任已主动将外衣及背包整理好，放在了后排闲置的座位上，整个会议桌面井然有序。由于要探讨的内容较多，大家都认真倾听，仔细记录，发言时主动举手示意。会议一直持续到五点半以后，很多人都离家很远，但大家没有任何怨言，默默地收拾好桌椅，并将一次性水杯带走。保健医们的每一个举动我都看在眼里，记在心里，大家都很优秀！感谢有你们！

实在的幸福

文/张慧

也许幸福是简单的，是朴实的，是琐碎的，但它却是实实在在的，是看得见摸得着的。幸福是冬天使得“千树万树梨花开”的瑞雪；是“露似珍珠雾似纱”滋润着的万物；是“吹面不寒杨柳风”的舒服；是令你经常“蓦然回首”的微笑。只要我们用心去体验，用心去追求，幸福就会与我们相伴。

感恩点滴

文/袁静

一旦开始感恩，才觉得自己其实很幸福！我想这也是雷海环总院长打造集团文化的良苦用心吧。学会了感恩，也就拥有了幸福的能力，拥有幸福，我们才能感恩所有的一切！让我们的感恩点滴和幸福琐碎如涓涓细流慢慢汇聚成海，让我们每一个人都成为幸福的源泉，去滋养身边的土壤，让集团成为一片沃土，任我们茁壮成长！

重塑我们的“道”

文/陈艳宇

幸福型组织培训带给我们收获的喜悦和成长的快乐。首先，我们对文化内涵的理解更深刻、更透彻，对组织文化建设的必要性也有更深刻的认识，坚定了我们打造集团文化、落实集团文化的决心和信心。其次，通过此次培训，我们对文化建设的路有了更清晰的认识，了解了从造场、激发个人能量、以人为本、知行合一等途径来重构集团文化。说到底就是重塑我们的道，让组织中的每一人，都成为在因、道、术三方面均衡发展的人。最后，我们要学会觉察和自省，先梳理好自己，从我做起，让生命影响生命，在文相、文脉两个层面做好文化建设和传承。

感受平凡的美丽

文/王晶

感恩犹如心灵的泉水，源源不断，它滋润心田，免于干涸。它让生命充满生机，洋溢朝气，遍洒阳光。英国作家萨克雷说：“生活就是一面镜子，你笑，它也笑；你哭，它也哭。”你感恩生活，生活将赐予你灿烂的阳光。我特别欣赏这一段话：“感恩不一定要感谢大恩大德，感恩是一种生活态度，一种善于发现美并欣赏美的道德情操。”如果我们拥有一颗感恩的心，善于发现事物的美好，感受平凡中的美丽，那我们就会以坦荡的心境、开阔的胸怀来应对生活中的酸甜苦辣，让原本平淡的生活焕发出迷人的光彩！要习惯每天清晨起来后对着镜子默默地说：“感谢生活给予了我如此多的美好！”然后幸福地微笑。

成长

文/张齐

在一次特色音乐课程观摩中，我深深感受到了来自关爱的幸福。因为我上课带班的经验很少，突然面临课程展示，心里很紧张，备课过程缓慢且不顺利，这时候是班里的两位老师带着我，帮我改教案，告诉我教课的方式和方法。我在老师的鼓励与指导下慢慢成长起来了，完成了自己人生中的第一节音乐课。我永远也忘不了老师替我焦急的眼神，也不会忘记老师给我看教案留下的批注。感谢老师！我会在你们这份幸福的指导中努力提升自己，早日成为一名合格的老师。

微笑的含义

文/邢军

在我上小学的时候，爸爸给我买了辆四轮小自行车，我欣喜若狂，心里在想：嘿嘿！我终于有了一辆小自行车咯！我想象着自己骑车时神采飞扬的样子，抑制不住心中的兴奋。本想着骑车对我来说，是胸有成竹的一件事，可刚骑车时，我连踏板都不知道在哪里。好不容易踩上踏板，没想到我用尽全身力气，才让车子动了起来，刚骑出去几米，又摔了一大跤，没人扶我，我只好慢慢地爬了起来，又开始骑。爸爸站在一旁，竖起拇指向我微笑。平时遇到困难，我想着没有爸爸妈妈的援助，有些难受，但是他们让我懂得了一个深刻的道理：遇到挑战时要有信心，遇到困难时要机智、勇敢，特别是让我懂得了生活自理能力对一个人的生存是多么重要。爸爸妈妈的理解、爱心、仁慈、谦让，让我感受到生活中不只是有困难，也有许许多多值得我们珍惜的点点滴滴，那些东西让我感到自己永远是幸福的。

不习惯的习惯

文／谭峥

在家休息了几个月，刚一上班还有些不太习惯，总感觉跟不上大家的步伐。经过了一个星期的时间，我已经适应了上班的节奏。能让我适应得这么快，多亏了同事们的帮助。比如：刚开始的时候大家讨论一个问题，都很积极，而我却有些茫然，有的老师看出来就主动耐心地讲给我听，不厌其烦；我的脚扭伤了，老师们就主动地帮我打水。在生活中这样的幸福小事还有很多很多，其实幸福真的很简单，我爱这种幸福，我爱我的大家庭！

青苹果的味道

文／唐晓媛

如果我有翅膀，我愿意像鸟儿一样在天空中自由飞翔；如果我是一条鱼，我希望在海里自由自在地游荡；可是我还是我，我只愿做一个幸福的人，慢慢欣赏这美好的事物，用心去品尝幸福的味道！下班刚进家门，看见女儿小小的身影坐在爸爸高大的身躯上，时不时发出“咯咯咯”的笑声，两个人你一句，我一句，画面是那么的温馨而甜蜜。那种幸福，让我想起了曾几何时，我也一样地享受过。记忆中的那一刻，在我脑海中被定格，那是我初尝幸福的味道。

幼时的我，总喜欢坐在爸爸的肩膀上，双手抱住爸爸的头，一面不停地喊着“骑大马”，一面又不时地做着鬼脸。爸爸也会时不时地撑着我的双手，把我举得高高的。这时，坐在一旁的妈妈总忘不了提醒：“小心点，千万别摔着了。”而我呢，总是顽皮地眨着眼睛，奶声奶气地应几句：“基（知）道了，基（知）道了。”小时候，每次我哭闹，爸爸给我一块巧克力糖，我便不会再哭。因为小时候的幸福就是甜甜的味道，没有辛酸也没有烦恼，永远是无忧无虑的。长大了，我发现幸福不只是甜甜的味道了，它还有一种酸酸的、涩涩的如同青苹果的味道。有了汗水、有了泪水，有了失败、有了成功，这时候我才明白过来，幸福是一块五彩糖。

做幸福边上的人

文/邱玲子

幸福是什么？全家安康团圆，和睦生活就是一种幸福；帮助别人，解救他人于危难也是一种幸福。其实幸福就在我们的身边，在点点滴滴的生活中。幸福没有十全十美，只要我们心存真、善、美，就可以靠近幸福。做个真正长久拥有幸福的人很难，但做幸福边上的人却很容易，我们不渴望天天幸福，只求幸福经常会光顾自己就不错了。幸福无限，只存心间。当我们携手自爱、自尊、自强、自信，就会常常体验幸福。让别人得到和拥有幸福，往往就是自己最大、最长久的幸福。感恩需要我、鼓励我、帮助我的人们，是你们让我体会存在的价值，与此同时感受到了幸福。为了这些可爱的人，一切我可以做的事，我都会努力去做。

寒冬下的温暖

文／付鹰

今早出门寒意浓浓，但首汽约车李师傅周到的服务顿时让浓浓暖意驱散了丝丝寒意。他彬彬有礼，微笑着打开车门迎接我上车，询问车上温度是否适宜、哪条路线合适，告诉我车上配备了无线网可以使用，下车时询问我是否要车票……贴心的关怀让我犹如坐在自家的车里，很舒服。一路上他安全娴熟的驾驶技术，给我留下深刻的印象。我们还就首都发展、诚实守信、敬老爱老、首汽约车的未来发展、基础教育等进行了交流和讨论。他身上体现的专业品质、卓越服务的经营理念，让我看到了首汽人的精神追求，个人对企业的信心，中华民族的传统美德，同时也展示了首都司机的风貌，我很钦佩他的爱岗敬业、优质服务的精神。

幸福大篷车

文／刘娟

幸福大篷车传递爱与祝福，送温暖的书记和接受温暖的困难党员们都非常激动！感动得热泪盈眶！衷心感谢雷海环总院长给予困难党员们深厚的真挚的大爱情怀和亲人般的关怀。永远牢记2016年12月8日难忘的暖心暖胃的幸福时刻！明天人真正感受到被尊重、被爱护、被关怀的幸福，党总支副书记郝建玲总结说："集团困难党员表心意，感谢集团党组织，集团困难职工很幸运，党政工团齐上阵，落实慰问工作实打实，困难党员生活得照顾。"

爱心大篷车满载幸福与爱

文／刘光洪

集团总部新年慰问爱心大篷车载着幸福的种子、爱的种子行驶在快乐的旅程中，我因为感冒不能同行，但从总部微信群还是及时感受到大家的幸福、快乐的心情，大家灿烂的笑容、祝福的手势，以及鲜红的围巾给了我心灵的温暖。感谢你们！佛问弟子，命在几许？三百六十五天、一月、一天，只在一念之间，大道从此不再遥远，一念即转就在刹那间，心念有多大，力就有多大，行就有多远！

我等你

文/徐天婷

最近只要天气好，我就坚持步行上下班，早上不到六点半从家出发，出门一刻要同妈妈语音聊天。妈妈早在六点左右就拿着手机等我叫她，因为她认为步行一小时上班的路上一定很枯燥，她要和我聊天陪我上班。一路上我俩会聊着家里的事儿，如她和爸爸吃什么了？今天准备去哪儿？我哥家情况如何？我侄女如何？我会说我家里如何好，儿子上学有什么趣事，让她放心！她每隔一会儿会向我报下时间，二十分钟会提醒我是不是走了三分之一的路程，还差几分钟时会提醒我快走两步别迟到了，一直到我到了园里，妈妈才高兴地说："不错，真有毅力！晚上回家路上我继续陪你聊天！我等你！"

不期而遇

文/刘天贞

今天上班乘电梯下楼，电梯在九楼停下，门开了，一位穿碎花衣衫的老太太微佝着背立在那里。她灰白的头发显然是烫过的，蓬松掩盖了原本的稀疏，皱纹密布的面庞里透露出安宁。我和老太太经常会相遇，"去上班啊？"老太太笑着问。我心里流过一阵温暖，同时感叹着，不要吝啬每一句问候，一声问候，让人那么舒心。虽然是阴天，但我心里却是阳光灿烂！

当幸福悄然来临的时候

文/马艳军

我的幸福就是每天上下班时保安师傅会半开玩笑地说："马老师，专车来了没？"猛地听上去似乎有些诧异，但细想起来，还是感觉心里暖暖的。由于单位离家较远，我每天上下班都是由老公开车接送，尽管老公的工作性质可以做到，但是坚持下来也有二十多年啦！我从来都不曾认真地对老公说上一句："谢谢你每天风雨无阻地接送我。"因为这已经是我生活的一部分，细想起来感觉自己真是幸福的。在此也默默地祝福我的亲人身体健康，感恩有你们的陪伴，使我更加懂得了珍惜眼前的幸福，同时用自己的幸福感去回馈身边的亲人与朋友！

心在一起是团队

文/王彩

在2016年，由于滑雪摔折了腿，躺在病床上的我感受着家庭带给我的幸福，在同事安慰的话语中感受着集团人带给我的幸福。这个冬天，我又重新返回到工作岗位，肩并肩与明天幼教人共同奋斗。第一天上班，每次遇到熟悉的面孔，迎接我的都是一句句温暖的话语，"王老师，你的腿怎样了？一定要照顾好自己"，行政会上园长告诉我们："人在一起是聚会，心在一起是团队。"一句真诚的话语，让我感受到这是一支幸福型团队的文化内涵。

日积月累必成大器

文/刘娟

我已经工作了三十五年，经历了很多挫折，也得到了历练。这些工作肯定能完成好！在幸福型组织讲座上，张丽萍老师鼓励我，对自己也要以人为本，首先要肯定自己，相信自己，才能树立自信心，处理好各方面的关系，有智慧地生活、工作和学习。要有开放的心态,挑战自己的弱项，发挥自己的优势，尽情地绽放自己的光彩。要无止境地学习，工作，服务他人！我在服务教职工的时候最快乐，最高兴，最幸福！其实，幸福很简单，给自己一点信心和勇气，有点小进步时，就可以给自己点赞一次。只有自己快乐了，才能给别人带来快乐。每天奉献点爱心、关心、耐心、诚心，微笑对人，做一点利他之事，与人为善，日积月累必成大器。

简单与不简单

文/曹培

做一名幼儿教师很简单，可是想成为一名优秀、合格的幼儿教师并不是那么的简单。首先要有责任心，孩子是祖国的未来，是家庭的希望。家长把孩子交给了我们，我们就有责任去照顾好他们，教育好他们，把我们所知道的知识传授给他们。所以，我们肩上的责任是艰巨的。拥有了责任心，我们还要拥有爱心和耐心，孩子入园时，我们的一个微笑，一个拥抱，一个吻，一声问候，一声鼓励的话语，都会让他们快乐一天，幸福一刻。我们的爱还得是博大的，因为我们要把爱给每一位小朋友。他们是花园里的花，而我们是朴实的园丁，我不想因为我的失职让花儿枯萎。我们的孩子还小，从他们的生理和心理角度出发，我们每天都会做很多重复的工作。比方说，一首儿歌要教很多遍，还要时常复习他们才会记得。生活常规也要时时提醒，不厌其烦，他们才会遵守。做这些事情，我们就必须有耐心。最后，不管我们的年龄有多大，时刻都要保持一颗不老的童心。因为我们每天面临的是一群天真活泼、有着奇思妙想的孩子。让自己变成童话里的一员，和他们一起憧憬幸福的生活吧。

甜甜的傻笑

文／王卉

晚上吃饭时，家人问我在傻笑什么。我一愣，回想一下，刚才正在回味孩子们有趣的话语。我是一名幼儿教师，我的幸福往往源于可爱的孩子。做游戏时，那么多宝贝要挨着我站，拉手的，抱胳膊的，拽衣服的，惹得我哈哈大笑。原来，这就是我的憧憬，这就是我的幸福。身处幼儿中，看他们活泼的样子，领他们学习和游戏，迎来晨光，送走晚霞，每天都有新的成长，每天都有新的感悟。幼教事业就是如此单纯啊，让我童心不泯，远离功利，守得住初心。更何况，还有捧读书卷的幸福，亲人牵挂的幸福呢。

原来杯中水已满

文／刘哲

被支气管炎折腾了一个月，身边的同事都是在我的咳嗽声中度过的。感恩每个人都给我关切的问候；感恩每天在自己忘记喝水的时候，总有一个声音提醒我："快去喝点水。"当我转身准备去拿水杯接水，发现已经有一满杯冒着热乎乎蒸汽的茶水，这个时候刘羽晗老师便和我相视一笑；感恩今天早上起床睁开眼看到的第一条信息，就是张蕾老师发来的一条关于治疗咳嗽的有效方法。甚至不需要说太多话语，就能感受到别人对我的关注和在意。

提醒

文／张潇萌

虽然距上次我上民间音乐教育活动《喜洋洋》这节课已有很长一段时间，但是对我而言，影响是深远的。在准备前期，我是迷茫的，不知道民间音乐应该以什么样的形式呈现出来。这个时候是中班组的各位老师站了出来，她们为我指明方向，多次为我修改教案中的种种细节，并且把多年积累的教学经验和方法全都告诉我。园长在偶然一次经过时看到我上课的情景，温馨提醒我，让我注意上课时的精神状态。为了让孩子了解煮饺子的真实情境，在食堂师傅们的帮助下，我有幸录下了幼儿园煮饺子的过程，丰富了孩子们的社会经验，让孩子们在上课的时候通过自己之前所看到的更好地表达出自己的想法。感谢严老师帮助我调试触屏电脑，感谢田野老师帮助我剪辑音乐……感恩园里能够给我们提供这么好的一个平台，让我们在讲课的同时得到了提高和锻炼。要是没有这次机会，我可能注意不到进场是那么重要，更不会想到音乐课是那么的好玩！这次的活动使我对音乐课有了更深层的认识，谢谢中班组的各位老师，谢谢园长和各位领导对我的鼓励与指导。

幸福从哪里来

文/甄红新

只要用你的真心、真爱、真感情来呵护每一个孩子，他们也同样会喜欢你、信任你，并把幸福带给你。天天是班级里比较淘气的小男孩，上课出怪声、走路推别人、吃饭说话，每一次挨批评的小朋友里都少不了他。我知道这样的孩子更需要老师的爱，于是每次从他身边经过我都会摸摸他的头或脸，早上晨检时我都让他亲亲我。如果忘了，我就提醒他是不是忘了点什么事，然后他马上在我脸上亲一下，让他感觉老师需要他、喜欢他。有一天下午我叠完被子准备回办公室，走到门口时天天正好在喝水，他问我：“甄老师，你上哪儿去?”我就随便说了一句：“我开会去，你听话。”他笑着点点头。我刚走出班级，他就开门露出一个小脑袋：“甄老师，注意安全。”在他看来，开会需要走很远的路，而且是一件老大的事了。

我摆摆手，小脑袋就缩回去了。幸福就是这么简单，仅仅一句话而已。弗洛伊德说：“当一个人追问生命的意义和价值时，他就得病了。”我们应该追求一种简单的生活，这样我们就会更加幸福。

幸福在我们身边

文/韩雯

今天下班，在回家的地铁上，一位老爷爷摇摇晃晃地进了车厢，由于很挤，那位老爷爷看起来面如土色，很不舒服。老爷爷吃力地抓着扶手，看着这个情景，一位年轻人站了起来：“大爷，您坐这儿吧！”老爷爷感动地道了谢。我想年轻人的心里一定是温暖而自豪的。他让我想起了一句话：“赠人玫瑰，手有余香。”帮助了别人，自己也感到快乐。事实上幸福就在我们每个人的身边，幸福就是你帮助了别人而快乐了自己。幸福很简单，只要你用一颗感恩的心去对待每一件小事，你会发现幸福无处不在。

在垃圾分类之前

文/周爱京

扔垃圾时，我把废弃的盒子摞好，整齐地放在垃圾桶的旁边，然后把生活垃圾投进桶里。我知道，小区里那个捡废品的瘦小的老人会很快出现，他不用翻垃圾桶就能拿到他想要的盒子了。

每天清早把垃圾袋系好放到垃圾桶里；开车时自觉礼让行人；把车正正地停在车位上；需要占用别人车位时，留上电话；会议结束后将桌椅放回原位；转发文件时标注接收人姓名，遇到急件给予电话提示……这一切不过是一个普通人应该做到的，实在称不上是利他，不过内心真的很安详。

请勿随地吐痰

文/张笑雨

不知哪个孩子，画了一张“请勿随地吐痰”的画，贴在了小区门口。现在大街上随地吐痰的现象特别严重。我想，不管是画画的小朋友，还是鼓励孩子的家长，你们都是最棒的，感谢你们。

润肤霜

文/于欣

今天最令我感动的是班里的孩子们，几天不见，感觉他们一下子长大了。在户外活动前，我们正给孩子们擦润肤霜，大竹子小朋友拿着自己的润肤霜就给三个老师都抹上了。现在很多孩子都习惯了索取，很多时候不懂得感恩和付出。因此，我们表扬了大竹子，也希望其他小朋友也能学会关心和帮助身边的人。

圣诞节

文/郭莉 卢雪纯

雷海环总院长带领集团大批老师精心装扮，以圣诞老人的样子出现在大家面前，给了我们大大的惊喜。这不仅让孩子们感受到了多元文化，在收到礼物的同时还深深感受到了总院长的祝福。感谢总院长和集团的老师们如此的童心未泯，为孩子们带来的圣诞庆祝活动，看到操场上的圣诞布景，相信很多老师们心中激动欣喜的情绪一点也不亚于孩子们。再次感谢总院长开放包容的思维，给大家留下了一个幸福的圣诞记忆。

家长的表扬信

文／李萍

早上，我收到了一封家长手写的表扬信，密密的两页纸的文字细腻地描述了班级吴老师、丁老师、印老师和园所王大夫对孩子的好及每一位老师的优点。家长说："老师们虽然与孩子没有血缘关系，却给了孩子亲人般的温暖、亲人般的期待，孩子经常在家说喜欢幼儿园。感谢明天集团培养出如此优秀的教师，她们尊重孩子、信任孩子，用爱心去挖掘、发现孩子的真、善、美，再多的言语也无法表达我们一家人对贵园的感激，特呈上一面锦旗'悉心浇灌幼苗、爱心胜似父母'。"

幸福早班车

文／王丽

我们开启了"幸福早班车"礼仪入园活动，让感恩从每天的早晨开始。小班行抱抱礼，中班行握手礼，大班行鞠躬礼，在老师的带领下进行晨练音体活动，操场一片欢歌热舞。老师和孩子们的张张笑脸，师幼间的互动问好、友爱相拥，给初冬的早晨增添了几丝温暖。此时的我们就像阳光一样照射在孩子们的身上，也像雨露滋润着幼苗，我们的一言一行影响着孩子的点点滴滴，我们的付出值得！一天的好心情从早晨开启，"幸福早班车"带我们前行。

早上好

文／汤汭溦

自打园里开启"幸福早班车"活动之后，老师和孩子们都热情开展礼貌教育。我在每次晨检时不再是简单枯燥地拿着手电筒查看孩子们的口腔和咽喉状况，而是先叫出他们的名字问好，孩子们回馈给我的是很大声的

“大夫早上好”，并和我击掌。我和孩子们美好的一天就从相互主动问好开始了。

周一的鲜花

文/郭伟

今天是周一，我收到了上周预订的鲜花。之所以选择周一，是因为我想在每周开始的第一天给自己一份欣喜，让自己一周的工作也像盛开的花朵那样，绽放到极致。我很喜欢这句话:“是花儿，都有属于自己的花期，只不过有的花期来得早，有的花期来得晚。”人们常用这句话来鼓励成长中的孩子，其实，它也适用于工作中的我们，我们就像那绽放的花朵，集团和园所也在静待我们每一朵花儿绽放，并在成长的过程中为我们提供所需要的阳光和充足的水分，为我们提供成长的平台，使我们能够成长得更快。不断成长中的我们要相信自己，只要肯付出，不懈努力，我们一定会像盛开的花朵绽放到极致。

人生便是天堂

文/李雪

今天我邀请家长到班里，和孩子们一起制作许愿树，挂上写满祝福的许愿卡。在忙碌中，我看到家长和孩子们的笑脸，看着美丽的许愿树，突然觉得好幸福。我记得有句话说:“工作愉快，人生便是天堂；工作痛苦，人生便是地狱。”工作是我们生活中最重要的部分之一。幸福有三个不可或缺的因素，一是有希望，二是有事做，三是有人爱。工作，支撑起一个人的生活，支撑起一个人的人生，更是实现自身价值的平台，我热爱我的工作，更感恩身边的同事、家长和孩子们！雾霾红色预警停课期间，我们根据上级要求给家长下发了停课期间的课程表和注意事项，大家都非常配合，在家里按照老师的要求带孩子们进行各种活动。虽然停课在家，但是孩子们和在幼儿园一样生活规律、活动丰富。感谢家长的配合，感谢园领导细心、周密的安排和对我们细致的指导，感谢园里的保健医提供的各种润肺食谱，让家长和老师们都受益匪浅。天气虽然不好，但我们的心情是美好的！

幸福是人在高兴时内心的感受

文/李磊

幸福每时每刻都在身边，只要是有心人，都会被幸福围绕。作为园所厨师，每个清晨，老师们到食堂取早点，把第一个微笑和问候给了我们，这是多么幸福的感觉。虽然工作很辛苦，但看到两百多个可爱的孩子都在大口大口地吃着我们制作的爱心餐食，这又是多么大的幸福。我们用心给老师们制作的晚餐，让老师们有了家的感觉，不时地喊着："吃太多了，太好吃了！"此时我们的内心是多么的幸福。幸福是给有心人准备的，不管是我们的服饰还是亲手制作的馄饨、果盘，都得到了专家的认可和集团的表扬，此时我们的内心是多么幸福。领导的每一次表扬，老师们的每一次感谢，家长们的每一次认可，孩子们的每一次愉快进餐，我们都无比的幸福！心是快乐的，人就是幸福的。

独乐乐不如众乐乐

《幸福日记》实际上是人内心的独白。我们还在微信公众号"北京明天幼稚集团"上开设了《幸福日记》的栏目，通过网络平台来分享幸福的觉察与收获。

幸福语录

感谢那些直言不讳提出批评的人，无论是领导、同事或是家人，我们都应该由衷地表示感谢。我们应该时刻牢记“良药苦口利于病，忠言逆耳利于行”的道理。

幸福就是外表和内心都很自信，能带给周围的人正面的影响。消除自己内心的负能量，让生命更加自由和安宁。

只要用心感受和体验，幸福就在你身边。

用心交流，彼此温暖，快乐源自内心。

工作是最好的学习机会，我不仅改善了事务工作流程，更重要的是从中获得了个人成长；要透过现象看本质，从问题的源头来解决现有的问题，这些都让我受益匪浅。

每一个人都是一粒优质的种子，但只有在适宜的条件下才能成长为一棵参天大树。幸福是一种感觉、一种心境，只要用心感受，幸福无处不在。

其实，“幸福”就是两个简简单单、平平凡凡的文字，让我们每个人用心去体会的一种心与心的交流与关爱，是无法用语言来表露的幸福与快乐。

生活之幸福，皆因喜欢的人做着喜欢的事；幸福之生活，只缘有人喜欢，为事执着。

幸福很简单，不是挂在嘴边，而是真实感受。内心纯洁、岁月静好，让幸福来敲门。

常怀感恩之心，常念相助之人，常感相识之缘，常忆朋友之情。

只要我们怀有一颗感恩的心，感恩关爱自己的每一个人，幸福就会无处不在。感恩是爱的根源，一个懂得感恩、常常感恩的人，才会幸福，才会快乐，心灵才会圆满温润。

只要心中有爱，幸福永远在身边相伴。为他人付出的同时，自己收获的就是幸福。

幸福是需要发现的，只要我们用发现的眼睛去看这个世界，就会寻找到幸福。爱是需要表达的，有爱就大胆地表达吧！

用心做事，珍惜每天，以诚待人，知足常乐。

幸福无时无刻不在产生，用心体会，一切美好尽在眼中。

当你传递出爱的语言和行动，爱也终将会被传递给你，无论是以什么方式。

感知恩，为幸；助他人，为福。让我把所受到的恩情作为回馈传递出去，让我们的周围充满喜悦、感激和关爱。

世界上最永恒的幸福就是平凡，人生中最长久的拥有就是珍惜。心怀感恩，幸福才会常在。快乐属于知足者，幸福属于感恩者。

助人要从日常小事做起，不因善小而不为。只要人人都献出一点爱，幸福就会把我们紧紧包围。

生活需要一颗感恩的心来创造，一颗感恩的心需要生活来滋养。

幸福是贫困中相濡以沫的一块糕饼，幸福是患难中心心相印的一个眼神。

跟对的人做对的事，让优秀成为习惯，让感恩成为自然，我们的内心才会更加的丰富且有力量，我们的幸福感也会越来越强大。

爱出者爱返，福往者福来。感恩是精神上的一种宝藏，生活需要一颗感恩的心来创造，一颗感恩的心需要生活来滋养。

如果成功是一座桥梁，那么感恩和责任便是这座桥梁最重要的两个桥墩；如果成功是一座堡垒，那么感恩和责任便是这座堡垒最硕大的两块基石。

要真诚地对待我们身边的每一个人，发现每一个人的闪光点。

幸福总在不经意间降临，你需要静静地以一颗平常心去感受。

活着就是一种修行，修行就是修心。修得一颗平常心，无时不是快乐；修得一颗满足心，无处不是幸福。

静静地记录感动，让幸福充满整个世界。生活从来不缺少美，只是缺少发现美的眼睛。生活本来幸福可爱，只因为我们一路太匆忙。从今天开始，我要登上这趟幸福的列车，并把幸福撒给身边的人，用我的真心感染所有的朋友。

学会奉献，为所爱的人创造幸福。

人人都需要真心、爱心、善心和感恩之心。人生如行路，一路艰辛，一路风景。你的目光所及，就是你的人生境界。

万物静观皆自得，感恩利他记心窝。

让知识充满脑袋，你会有不一样的明天。

有人说人生极为重要的三件事是：用宽容的心对待世界，对待生活；用快乐的心创造世界，改变生活；用感恩的心感受世界，感受生活。我还要再加一件事，那就是：用奉献的心待人待世界，你会收获不一样的幸福生活。

幸福像细碎的流沙，不经意间便会从指缝间溜走，只有轻轻捧起它才能用心感受到。

予人玫瑰，手有余香。用乐观的心态去面对生活，总能发现生活的美好与感动！

生活需要一颗感恩的心去创造，一颗感恩的心需要生活来滋养，值得我们感恩的东西就隐匿在生活之中。一句温馨的话，一个甜美的微笑，这都是我身边的幸福。

在人生路上，总有一些不期而遇的相逢，也总有一些失之交臂的遗憾。缘分有聚散，有人能随行，就是一种温暖；人心有冷暖，有人能懂得，就是一种幸福。

心存至善，你的心中必有一片祥云。带上自己的阳光，纯净自己的心灵。

爱的价值非金钱所能衡量。

学会快乐地工作，就是学会享受每一天的幸福。

幸福并不代表你拥有多少，而在于你怎样看待你所拥有的东西。

小时候，幸福是一件东西，得到它，便感觉幸福。长大了，幸福是一个梦想，实现它，便感觉幸福。成熟了，幸福是一种心态，领悟它，便感觉幸福。

理解和关爱，是通往幸福之路的大门，让我们敞开心扉，以爱和包容的心态去投入地工作、乐观地生活吧！

业精于勤，荒于嬉；行成于思，毁于随。养成爱学、爱思考的好习惯。用微笑去点缀今天，用歌声去照亮黑夜，幸福自然就会浸润到生命中。

人们在一起可以做出单独一个人所不能做出的事业；智慧和力量结合在一起，可以创造更多奇迹和幸福。

用快乐带动心情，用观念导航人生，用执着追求事业，用努力追求幸福，用真诚对待朋友，用平淡对待磨难，用感恩对待生活。

收获是一种幸福，付出也是一种幸福；功成名就是幸福，淡泊宁静也是幸福……其实幸福就在我们身边，在我们点点滴滴的生活中，在我们成长道路上的每一个脚印里。

其实，生活中有很多的爱与感动就在我们身边，我们要去发现、去表达。这样我们更会觉得每天过得快乐而充实，有爱便会有更多的温暖与阳光，爱与感动常在。

每一个微小的善举，都是自我的一次改变，只要每个人都从自己做起，为人良善，最终这个世界也会变得更加美好。我们被爱着，同时又温柔地爱着这个世界，从清晨开始，就带着对这个世界的善意，把爱传递下去。

家长尊重、支持、信任、认可与仰慕的目光，是教师收获职业幸福感的来源。

想幸福，先学习

> 当你的工作在你心目中有意义，你就有成就感。当你的工作给你时间，不剥夺你的生活，你就有尊严。成就感和尊严，给你快乐。……我要求你读书用功，不是因为我要你跟别人比成就，而是因为，我希望你将来会拥有选择的权利，选择有意义、有时间的工作，而不是被迫谋生。
>
> ——龙应台

我们对孩子如此教育，其实对我们自己何尝又不是如此。坚持学习是追求幸福的重要途径，我们从集团总部到幼儿园、到班级等各个层级都建立了学习共同体，定期组织行政教研和集体分享，致力于培养“让学习随时发生，让优秀成为习惯”的明天人。

我们想要什么？

人到底想要什么？这是人思考的终极问题，伴随着人类的历史，也将永存于人类的未来。根据马斯洛的需求层次理论，从个体而言，人是有生理的需要、安全的需要、归属与爱的需要、尊重的需要和个人价值实现的需要。五种需要是从低到高的关系，高层次需要一般在低层次需要得到满足的前提下才会出现，例如正常情况下，人只有吃饱肚子才会去想着自我价值的实现。但是并不绝对，每个个体的追求都有不同，甚至会颠倒需求的高低层级。例如很多人为了理想和事业，不在乎基本的生活条件等，有诗云：生命诚可贵，爱情价更高。若为自由故，二者皆可抛。

之所以在这里要讲马斯洛的需求层次理论，是因为其实我们一直在讲个人的需求。只有知道了人的需求，从管理的角度而言，我们才会知道如何有针对性地激励每一个教职工。低层级需要没有满足的，我们首先要满足低层级的需要。高层级需要突出的，我们要重视满足高层级的需要。总体来说，正是人的需要问题，成为幸福型组织建设的根本动因。

学习就是最大的福利

学习通常是指通过阅读、听讲、思考、研究、实践等途径获得知识和技能的过程。但在明天集团，学习不仅仅是知识和技能的获得，更重要的是通过学习能够成就人的成长，包括身心、人格、专业等各方面的成长。甚至可以说，学习就是人类存在发展的根本方式，人正是因为学习，才掌握了工具，才从古猿进化成了人类。而明天人，将因为学习而再度迎来明天的辉煌。

行动学习来了

教师是幼儿园教育发展的根本资源和基础，学习则是教师成长的根本方法。但是如何才能够发挥学习对教师成长、对教育实践的最大作用呢？有没有一种方法、模式或者工具来让学习成为教师本身的需要和团队成长的动力？面对十九所幼儿园、近千名教职工这样一个庞大的团队，采用什么样的团队学习方法来整合集团化的优势，让每一个教职工都能通过组织学习来成长和进步，这是集团面临的首要任务。正是带着这样的任务、目的和问题，明天团队深入调研集团化的特点，本着“个人进步不是进步，团队成长才是发展”这样一个理念，在学前教育领域第一个引入了行动学习的工具方法。

行动学习最初是指一种通过小组学习来解决特定问题的团队学习方法，其初始形态就是小组研讨，其主要目的就在于用团队的力量去解决问题。明天人倡导的行动学习对原有模式进行了借鉴，同时充分考虑集团化办园体量大、园所多的特点，建立和完善了“行动、反思和对话”的明天行动学习模式。其初衷既在于通过行动学习来集结集体智慧，解决教育实践中的实际问题，提升干部和教师的专业水平，更在于通过小组的团队学习的方式，通过团队交流与沟通，塑造教师全新的心智模式和行为方式，进而将行动学习作为明天人追求幸福的工具与阶梯。某种意义上，在明天集团行动学习不仅仅指的是一种学习方法，更是一种工作生活的方式。

行动学习三部曲：问题、思考和践行

行动学习如何推进？如何从概念工具转化为实践？我们的方法就是时时用，事事用！在工作的每个细节，在幼儿园的每个角落，我们都会抓住契机，形成话题，以行动学习来破解难题，提升质量。例如我们以行政会、全园会、教研组会、政治学习等会议为平台，以教育督评、开学第一课、招生等重要活动或者工作为契机，围绕会议要研究和学习的主要问题，分小组进行研讨、记录和汇集意见观点，并通过思维导图、甘特图等表达形式在白板上进行展示，然后选派代表进行大会发言交流，会议主持者再进行点评或者由各小组进行交替点评。

例如围绕开学第一课，我们在行政扩大会的平台上，组织各园执行园长和总部部门主任分组开展行动学习，各组分别制订开学第一课的方案，并分配角色（教师、幼儿、家长等）进行小组演练；然后按照顺序进行大会现场展示，模拟开学第一课的全景画面；然后由各小组交替进行点评，提供意见和建议，比如第五组点评第四组，第四组点评第三组，让各组方案更为完善。

又如在教育督评准备工作中，集团开展了园所间的走进现场教育观摩活动，以幼儿园教育实践现场为行动学习的平台，按照管理、保教、卫生保健等职能进行分组，由总部和园所相关负责的老师组成小组，围绕具体问题进行评价、分析和挖掘，形成研讨意见后再进行会议交流，帮助园所从细节入手来推进下一步工作。

从上面可以看出，行动学习在明天集团不是口号，而是实实在在地深入到每一项工作中，深入到每个人的教育行为中。

行动学习三改变：形式、流程和工具

相对于传统的集体学习而言，行动学习有三个方面的重要改变，即形式、流程和工具。

我们以往通过政治学习、教研组会等形式开展集体学习，采用的形式多是参会人员针对一个比较优秀的活动或者视频开展研讨，主要分析优点和不足，然后每个人都发言阐述自己的观点，最后由业务园长担任主持人，进行总结性的发言。行动学习下的教研活动，在组织形式上最大的改变就是进行小组的划分，以小组为单元开展研讨，然后由小组选派发言人进行集中发言，最后由主持人或者其他小组代表对小组发言进行逐一点评。可以这么说，原来的形式是单对多的交流与沟通，现在的形式是团队对团队的分层级的交流与沟通，由此形成了知识、观念的汇集与整合。

在流程改革上，传统的业务学习、政治学习、教研活动等主要采取总分总的流程，主持人开局和总结，中间由个人进行思考和发言。在明天集团的行动学习中，则有七个流程。

第一步是选择话题。话题要聚焦于实践，并且是由所有参与学习的成员共同提供和选择。

第二步是组建小组。按照岗位类别或者区域互助的范围进行分组。例如，业务干部编为一组，或者某几个互助小组范围内的幼儿园编为一组。

第三步是启动研究。小组成员针对话题开展集体研究，在研究中形成共识，探讨方法。

第四步是深度对话。既有小组内部的对话，也有小组间的交流。要求带着审视、质疑的态度讲真话，谈认识。

第五步是行动计划。以前的团队学习往往重过程，轻结果，容易出现虎头蛇尾的情况，例如大家讨论得热火朝天，但是没有对下一步工作的具体部署和安排。明天集团的行动学习则要求研讨要有成效，必须要以小组为单位形成能够推进工作的方案，例如围绕“六一”活动主题的行动学习，学习的结果就是形成一个个可以应用也可以借鉴的“六一”活动方案，这个方案是集结各幼儿园和总部集体的智慧，相比一个幼儿园自己策划制订的方案会更加成熟和凸显特色。

第六步是复盘评估。行动学习不仅仅局限于一次会议或者一次学习，就像幼儿园系列主题教育活动是围绕主题有延续性的活动，行动学习也是有延续性的系列学习，本次学习是基于上次行动计划的结果，本次的学习结果又为下次学习提供行动计划。它让学习参与者形成了学习的闭环，在过程中进行反思，在反思中升华和积淀。

第七步是固化分享。行动学习的成果不仅仅停留于学习的记录，我们还会通过思维导图、甘特图等形式将其固化，并依据需要印制成内部资料册，进行成果的固化和传播。例如我们印制了《行动学习案例与体会》等内部资料，我们还定期召开教育文化年会，集中总结、梳理和传播行动学习的成果。

行动学习三成效：思维、行为和文化

行动学习在明天集团落地已有三年多的时间，全体明天人针对行动学习这个工具都经历了陌生（这是什么）、质疑（有什么用）、自我怀疑（我能学会吗）、小自信（看来可以学）、初认可（用起来还有点用）、大赞同（效果非常好）、离不开（自然而然地用）等几个阶段。从某种意义上，行动学习工具方法的落地与应用就是明天教师成长的过程，就是明天文化孕育发展的过程，就是明天品牌再次腾飞的过程。通过行动学习，我们实现了“一个活动指向多个目标”的追求，实现了“学习不仅仅是学习，它深入到了明天集团的学习、工作、生活中”的愿景，实现了“让学习随时发生，让优秀成为习惯”的明天箴言。

（一）帮助教师建立了系统的思维模式

对常人而言，我们看问题经常会停留在表象和局部，满足于当前所见所闻。行动学习应用的一个直接结果就是开拓了教师的思维广度和深度，有导师的指导，有小组成员的鼓励，有小组间的质疑与评价，每个明天人都能获得相对以往而言更多且更多元的信息，或者可以说是扩充了脑容量。例如第八幼儿园通过行动学习掌握了甘特图的应用方法，让每位教师都能够从甘特图上看到自己的任务、进度和效果，让教师自主地推进工作，不再仅仅着眼于今天个人的工作，而是首先考虑全园这一时期的工作、总部目标和个人在这个任务中的角色及进度，让教师的思考在时间和空间上更加全面，实现了在更了解全局基础上的自我认知。教师只有知道了自己工作的价值，才能更深刻地思考如何更好地开展工作。

（二）孕育出了“精、细、实”的行为方式

行动学习的落脚点在于行动，它给人以系统的思考，也给人以细节的关注，将“求真、立美、至善”的明天精神和“精、细、实”的管理理念通过行动学习灌注在每个教师的行为上。例如，在教育督评走进现场的行动学习中，学习成员相互帮忙查找问题，相对于原来的自查而言，很多细节性的问题都呈现在大家眼前，让大家更关注细节和质量。而且大家不仅会相互指出问题，更会提出解决问题的方法。例如：“你老往右边看，总是关注右边的孩子，右边的孩子发言就踊跃，另外一边关注得越少就越不爱发言。”“下次能不能注意不要习惯性地往右看，要左右两个方位都要关注。”这样的细节，如果没有行动学习，自己是很难发现的。行动学习的本质作用就在于促进团队成员间的真诚交流和互动，从理念到行动，最终促使成员行为方式的改善与优化。

（三）让明天人步入幸福阶梯

学习怎么会孕育幸福？这看来是不相干的两件事。但明天集团的实践告诉我们，学习就是幸福的阶梯。什么是幸福，幸福既是由物质满足带来的快乐，更是精神层面的价值实现的幸福。而行动学习能提高教师的思想境界，帮助教师树立正确的三观，放下心里的包袱；同时，能让教师通过对话和交流，在学习中增进彼此的了解，增加社会归属感和价值感，从而体验到幸福感。例如，在行动学习中，原本两个沟通较少的教师能有机会坐下来进行沟通和交流，发现“原来她如此的有思想”“原来她不是我以为的那样”，从而营造了良好的团队氛围，促进了“幸福文化”的建设。通过行动学习还能提高教师的思维和行为能力，促进教师的专业成长，让教师体验到成长的快乐与幸福。例如，通过行动学习帮助某位教师解决与家长沟通的倾听问题，这样教师的倾听能力增强了，家长也更愿意与她沟通，对教师的工作更加赞赏，对教师也更加尊重，教师便能体验到职业幸福感。

如今，行动学习已经成为教职工工作、学习的一种方式，遇到难于解决的问题或者接到重要的任务，大家都会自然地想到用行动学习的方式来探究和攻克问题，行动学习已经根植于每个人的思维模式中，成为个人的需要，成了实现幸福的一种方式。

幸福胜任力

国学大师王国维用宋词表达的人生三境：从驻步于“昨夜西风凋碧树。独上高楼，望尽天涯路”的明确方向，到徘徊于“衣带渐宽终不悔，为伊消得人憔悴”的执着追求，最后到反观于“众里寻他千百度，蓦然回首，那人却在，灯火阑珊处”的终有所获，其实也就是追求做一个幸福教师，追求幸福教育过程的三种境界。

一片爱心，两行热泪，三秋血汗，四季躬行。教师要让幼儿有幸福感，自己首先应成为一个幸福的人，一个懂得如何创造幸福生活的人。明天文化正是告诉了我们怎样才能成为幸福的教师。

善待自己——打心底认同自己，并不断提高自己。教师首先是个人，放下我们心中的“师道尊严”的架子，学会以平等、平和的方式与人相处，与人交流。如果准备以教师为终身职业，那么我们就应该放弃不必要的攀比之心和功利之心，善于从自己的职业优势中寻找人生的乐趣。保持心理平衡是维护身心健康的基石，只要注意并做到心理平衡，就掌握了开启健康与幸福之门的金钥匙。

善待孩子——努力做一个走进幼儿心灵的教师。对幼儿无私的爱是获取教育成功的原动力，没有幼儿的合作，教师的工作绝对不会有成效。可以这样说，教师工作的成功程度取决于教师调度幼儿与自己合作的兴趣与能力的程度，使幼儿感受到学习快乐与成长幸福的教师是最幸福的教师。

善待同事——做一个与人为善、懂得感恩的人。教师间的人际关系无外乎合作与竞争两种，正确处理这两种关系，使之有利于事业发展，有利于身心健康，是一个人情商高的反映。合作是第一位的，在与同事有效的合作中，能体现出我们的职业价值。

成长就是幸福

作为拥有五千多名幼儿的大型学前教育机构，我们不仅要有社会责任与担当，更需要缔造一份文化与精神。而这一切，不仅影响着在这里学习与生活的每一个人，也可能成为影响这个行业乃至整个社会的积极力量！我们所做的探索不仅仅停留在对“教育”的思考上，而是将“教育”提高到了“教育文化”的高度来定位。

基于这样的认识，我们在“幸福文化”的引领之下，坚持立德树人的根本目标，紧紧围绕“求真、立美、至善”的集团核心价值，提出了“科学求真、艺术立美、人文至善”三位一体的教师培养目标，按照“四有教师”和“四个引路人”的标准，强调师德与师能的全面培养，扎实推进了“中国好老师”行动计划，在幸福教育视域下集团化办园的改革实践中，初步形成了“思想引领、文化铸魂、学习固本、幸福赋能”的教师队伍建设路径，以转变教师思维方式为切入点，大力培养教师的科学素养、艺术修养和人文涵养，持续推进教师队伍建设的四大工程：强化理想信念，坚定教育信仰的强基工程；深化文化自信，提升思想境界的铸魂工程；推进行动学习，提升专业素质的锻体工程；追求终极价值，关注教师生命质量提升的幸福工程，并取得了初步的工作成效。

干部就是领头雁

雁阵效应，讲的是大雁在空中飞行时一般都会排成人字形或者一字形，每只大雁借助前面大雁扇动羽翼的力量，节省力气，管理学上称其为雁阵效应。明天集团的团队建设充分借鉴了这个方法，从大团队来说，近千名教职工就组成了一个超大的雁阵，总院长就是这个雁阵的领头雁；从下属的每个幼儿园来说，每个园的数十名教职工就组成了一个小的雁阵，每个执行园长就是这个雁阵的领头雁。正是靠着领头雁的引领，靠着每个明天人的团结协作和相互借力，才带来了明天集团的二次腾飞。

雷海环总院长曾说："一个好的园长应该具备以下的特质，即纯粹的、好的教育信仰，深厚的人文修养，过硬的专业能力，成功的教育实践，强烈的创新意识。"

讲真话、做真事、求真效

在雁阵式的团队发展中，领头雁的重要性不言而喻：引领方向，整合力量，管理成员。在明天集团的团队中，我们要求领头雁必须要带头践行集团文化，就是一定要带头践行"三个高地"的共同愿景和"求真、立美、至善"的六字精神，带头践行"精、细、实"的管理理念。这是我们对干部的基本要求。如果干部都不认同组织文化，不带头和不落实，那么组织文化变革和建设就会成为一句口号。

头脑清醒很重要

干部培养，首先在于思维模式。我们强调，一定要建立系统化的思维模式。所谓系统化的思维模式，就是把思考对象作为多因素的动态整体来思考和研究，不是就事论事，而是能够以点带线，以线带面，举一反三。我们引导干部要从四个方面考虑问题：一是问题的整体性，不要一叶障目，不见泰山，而是要一叶落而知天下秋。例如看待招生问题，不能仅仅就把它作为招生工作，而是要将招生工作作为锻炼队伍、塑造品牌和开启家园共育的重要契机；二是要注意工作各部分的结构，要将工作各个部分实现很好的连接。例如开展一次大型教育活动，即是多个部门多个程序联动的结果；三是要注意考虑各方面的要素，例如必须去深入思考开展好半日活动的关键点；四是要有功能的观念在里面，干工作一定要考虑结果和价值，并且依据我们的价值目标去适时调整。

格局决定未来

干部一定要有格局。作为管理者，首先要学会宽容、接纳别人，真诚地从心底里将教职工视为家人，分享“三人行，必有我师焉”“一个篱笆三个桩”等名言或俚语中所蕴含的道理，引导教职工树立见贤思齐、团结才有力量的意识。如：在开展自主性生活活动教育中，运用PDCA的管理理念打通组织管理的“经络”，整合团队力量；运用PDCA的模式，从前期现象中发现问题并制订方案，通过学习与转变来调整行为，寻找进步，反思问题，提高问题意识和研究意识，在梳理中强化先进理念，巩固适宜行为。通过上下联动、统一行动，以及专家的引领、同伴间的互助、部门间的相互配合等，不仅促进了教师专业化水平的提高，也在过程中感受到团队的力量，感受到和谐关系的重要性。

有这样一本绘本，讲了小熊和小虎这两个很要好的朋友，他们住在河边一座有烟囱的房子里。一天，小熊看到河面上漂来了一个装满香蕉的箱子，上面写着“巴拿马”。于是小熊就和小虎决定去找这个叫“巴拿马”的地方，因为那里会有很多很香的香蕉，应该就是他们梦想的地方。一路上他们向狐狸、母牛问路，后来又遇上了刺猬和兔子，并和他们成为好朋友。经过了一番跋涉之后，他们终于来到了那个叫“巴拿马”的地方。可仔细一瞧，他们发现，这里就是他们原本居住的地方！“巴拿马”正好是这个地方的名字。小熊和小虎恍然大悟，原来他们一直住在自己梦想的地方……这个故事告诉我们：在努力跋涉之前，我们首先应该搞明白，哪里才是我们心中的“巴拿马”。

在我们看来，心中的那个“巴拿马”将决定一个人的格局，而“求真、立美、至善”就是放大个人格局的方法论。所谓格局，在电影《一代宗师》里已经做了很好的回答，即“见自己、见天地、见众生”，这也影射出了人生格局的几个层次。

第一个层次：零度格局。零度格局实际上就是看不见层面的，也就是说无目标。持这种格局的人只是追随当下的潮流，主要为流行文化及某些自创的观点。第二个层次：一度格局，即见自己。持这种格局的人，是精致或粗放的利己主义者，主要是寻求自身利益的最大化，眼界停留在与逐利相关的各种知识与技能上。第三个层次：二度格局，即见天地。秉承这种理念的人，是为理念而生的人，他们似乎会对某个知识领域有比较深入、系统的钻研。第四个层次：三度格局，即见众生。这种人是以改良社会、增进周围的每一个人的福祉为最高目标，他们对他人有很强的同理心，对社会或者某个领域有深刻的认识，愿意承担社会责任，并努力去改善世界，让更多的人感受幸福。由此可见，三度格局也许应是我们每一个人所追求的，是人生的最高目标。

有这样一个故事：可汗学院的创始人萨尔曼·可汗（以下简称“萨尔曼”）是孟加拉裔美国人，他从小成绩优异，大学就读于麻省理工学院，学习数学和计算机专业，后来又在哈佛大学攻读工商管理硕士，毕业后在一家对冲基金任高级分析师。一个偶然的机会让他发现自己更擅长做老师，他能够用深入浅出的方式给孩子们上课，让他们很容易听懂。他还意识到如果能在网络上发布这些课程，便可以让许许多多不适应课堂教学、成绩落后的学生后来居上。于是他开始在业余时间录制视频课程并免费发布，随后便一发不可收拾，录制的课程也越来越多。但是这也占用了他大量的业余时间，于是他必须在两者之间做出选择，一边是令人艳羡的高薪工作，另一边是没有收入、前途未卜的公益教育项目。最终，他选择了后者。这是一个在外人看来很难理解的决定，但是萨尔曼自己心里却很清楚，他明白这件事的意义和价值，便顾不上其他，勇敢地选择了理想。

辞去工作后，萨尔曼只能靠自己的积蓄来继续运营可汗学院，处境一度非常艰难。尽管他也会经常收到一些捐款，有人捐五美元，有人捐十美元，可这怎么够呢？幸运的是，不久后，两笔重要的捐赠让他的事业出现了转机，一笔是风险投资人约翰·杜尔的妻子捐出的十一万美元，另一笔是比尔·盖茨捐出的一百五十万美元。现如今，可汗学院已经发布了几千条教学视频，观看次数达到了数亿次。并且，可汗学院所倡导的“翻转课堂”教育模式正在引发全球教育界的反思和变革。

萨尔曼的人生选择是非凡的，高薪的金融工作让人满意，但对他来说不是最优的。凭借着内心对自己的极高期许，他选择了一个更能实现人生价值的选项。这个目标反映了一个人内心深处的渴望：我们一直在寻找的那个“巴拿马”。那如何到达心中的那个“巴拿马”呢？明天集团的院所文化给了我们答案，这个答案是一种工具，这个答案是切实可行的方法。二度格局的人看到的是这个世界深度的真和美，三度格局的人看到的是自我与世界、自我与整个人类之间的纽带。当我们想从一度格局走向三度格局时，需要做的就是求真和至善，至于立美，我们想这应该是对于求真和至善的一种要求，应该是一种定语。

我们理解的求真就是做人求真、做事求真。不断地追求真理，追求真理之美，保持内心的诚实。我们理解的至善就是不仅为自己而活，还将我们和所有的生命进行联结所引发的一系列想法与行为而达到的一种境界。至于立美，我们理解的是一种美的形式。按照这样的理解，我们必将扩大自己的格局。

打铁还要自身硬

以修身为时间轴的四维人生空间，“求真、立美、至善”如同乐曲中的华丽篇章，按照艺术构思，形成有组织、有节奏的和谐运动，唱响颇具生命力的旋律。在瑰丽的传统文化长河中，儒家思想经过融合、沉淀、升华、创新后，依旧焕发着闪耀的光芒，也为“求真、立美、至善”提供了美妙的艺术构想。格物、致知、诚意、正心、修身、齐家、治国、平天下，《大学》中对想在天下弘扬高尚品德的人谱出了从格物致知开始，向着治国平天下发展的人生轨迹。那什么才是高尚的品格呢?《中庸》中提及儒家倡导的三大德行:“知、仁、勇三者，天下之达德也。”在儒家思想中，“知者不惑，仁者不忧，勇者不惧”，若能达到“知、仁、勇”这三方面的精神高度，就达到了人生的至高境界。第一要素是“知”，要能抓本质，循规律，辨是非，明利害，识时势，知彼己；第二要素是“仁”，有一颗普世的仁爱之心，并笃行之；第三要素是“勇”，要有过硬的心理素质、有精良的专业技能，才能不至临事依违，有所顾忌，怀揣“虽千万人吾往矣”的勇气。

“求真、立美、至善”与“知、仁、勇”有着千丝万缕的联系。求真以达知，立美以达勇，至善以达仁，“求真、立美、至善”是自我实现“知、仁、勇”这三种人生至高境界的方式。若“知、仁、勇”是美丽的桃花源、那“求真、立美、至善”就是去往桃花源的那一叶扁舟，二者之间最为重要的是“人”，是人的爱与责任。爱与责任就是我们追求智慧、施予仁爱、增强勇气的热情与坚守，爱与责任是人性的觉醒，是灵魂的升华。从爱与责任出发，“求真、立美、至善”以修身为时间轴，构建了一个四维的人生空间。

相信文化的力量

文化能够改变思维模式。我们聘请专家，带领明天人从传统文化中汲取营养。《弟子规》《庄子》《论语》都蕴含着先人的智慧，我们从中领会内涵，修正自身，从调整核心层人士的人生观、世界观、价值观入手，潜移默化地调整思维的角度和模式。

文化能够调整心智模式。我们敏感地觉察到《幸福日记》的作用，在全集团写《幸福日记》的过程中，将自己和他人的善行记录成文，每个人看待别人的角度发生了改变，将心中关于自己、别人、组织及周围世界每个层面的假设、形象和故事变得积极、阳光、正向。

文化能够塑造生命品质。我们抓住团队拓展、教育督导、行政会等每一次机会，引领大家对品质的认同，用精品、精细、精致的工匠精神来提升教育品质，用畅想、憧憬、期许的带动和感召来提高生活品质，让每个明天人都在为不断增加生命的宽度和厚度而努力。

集团大计，教师为本

坚定教育信仰

拥有教育信仰是成为优秀教师的必备基础，教师有了教育信仰，可以唤醒生命，促进发展。而培养和造就信仰之师，是师德建设中必不可少的重要一环。我们在师德建设工作中，充分发挥党组织的政治核心和战斗堡垒作用，依托“中国好老师”行动计划的推动、促进和升华，不断完善集团化办园师德建设模式；始终坚持开展“四观”教育，通过树立典型、学习榜样、阅读经典、专家讲座、集体反思、团队分享等途径，将世界观、人生观、价值观和教育职业观渗透到教师的学习教育中来，引导教师在平凡的工作岗位中来挖掘人生和教育职业的价值，从根源上来解决教师的思想问题；全面推进新时代“中国好老师”“四有教师”“四个引路人”的系列评选活动，塑造先进典型，组织集体讨论，让“四有教师”的标准在每一名教师的内心扎根，成为他们日常教育的行为标尺，帮助教师建立崇高的教育理想和信仰。我们让每一位明天人都成为先进思想文化的学习者、践行者和传播者，为每一名教师的血液中都注入了红色基因，夯实了明天集团队伍建设的思想基础。

深化文化自信

教师的全面培养离不开集团文化的精神引领，以文化人是明天集团队伍建设的重要特点。我们利用全面文化管理的开放平台来推动教师队伍建设，充分发挥文化的引领、规范和激励作用，做好符合新时期“四有教师”要求的价值观传递和行为锻造，从而推动队伍建设水平的整体提升。

（一）抓住思想根源，启动全面文化管理

我们以精神文化建设为突破口，抓住教师建设的思想根源，启动了以集团核心价值观建设为基础，承载师德建设、专业发展、教育管理、品牌文化等诸多内容的全面文化管理，解决了教师“追求什么”“如何追求”“干什么”这三个重要问题，形成了“教育高地、文化高地、幸福高地”的共同愿景。

（二）分析教师现状，探索文化落地路径

我们强调文化的内化于心、外化于行，科学分析、诊断教师的发展现状，积极探索文化落地的方法与路径。一方面，我们以活动为载体，将学习、教育和反思结合起来，推进文化落地，例如开展团队拓展活动来孕育团队精神，开展“文化伴我行”征文等活动，抓住每个契机对师生深入开展爱的教育，将“求真、立美、至善”的集团精神转化为每一位教师的思想和行为。另一方面，我们构建了师幼互动、教学相长的幸福教育文化，开展了以“爱与责任同行”“爸爸，游戏吧”“让爱创造奇迹”“美的种子在发芽”为主题的四届“六一”大型教育庆祝活动，既促进了幼儿的健康成长，也通过大型教育活动的组织实施来保证文化的落地。

树立正确的幸福观是教师获得幸福的前提

幸福观是教师对幸福的价值判断，正确的价值判断，是获得幸福的前提。真正的幸福并不是作为个体单纯去满足自身需求，而是在社会实践活动中去发挥自己的智慧和力量，实现自我价值，从而获得一种造福人类和社会的精神与道德满足。也就是说，判断人生价值的尺度是个体对社会和人类的积极作用程度。只有确立了这样的观念，明确了这样的人生目的，教师才能取得成功、获得职业幸福。

从教师个体的角度来说，要获得职业幸福，教师自身要有长远的大目标——职业理想，也要有与大目标相联系的具体目标——希望。如果没有理想，教师的职业生活就会变得暗淡无光，失去清晰明确的奋斗方向；如果没有希望，教师的职业生活就会流于空泛，职业理想也将无法达到。这两者是不可或缺的。对教师来说，一方面需要从最近的、具体的目标做起，不断地向长远目标迈进。另一方面，教师也要使最近的、具体的目标服从于长远目标，为大目标的实现而不断调整或搁置，甚至舍弃一部分具体目标。教师不能被急功近利的短期目标压迫着，而丢失了对教书育人的敬仰和追求，对人生美好幸福的理想追求。不可否认，在过去，乃至于现在，有许多教师从事教育职业主要是为了维持生活，为了养家糊口。但要追求事业成功、体验职业幸福，教师必须改变这种职业观，树立教师的职业理想。对于教育来说，教育者的理想和激情是至关重要的；尤其是刚刚参加工作的年轻教师，这种理想和激情将使他一开始就不仅仅把教育当作谋生的职业，而是把它当作与自己生命融为一体的事业。

拥有高尚的师德是教师职业幸福的灵魂

幸福的人生必然是道德的人生，幸福的生活必然是道德的生活。教育中若没有奉献与牺牲精神存在，这样的教育就是一个冷冰冰的世界，不值得留恋。一个教师若没有奉献与牺牲精神，这个教师就不值得敬重。教师只有在充满了爱的世界中从他律走向自律，才会感受到存在的幸福。一个人不去爱人，不被人爱，是极其可悲的；一个人没有能力去爱别人，则是可怜的。朴素、真诚、善良的爱，为人心性的自然流露，是人们生活中所不可缺少的。从孔子的“爱之，能勿劳乎？忠焉，能勿诲乎”到夏丏尊的“没有爱，就没有教育”，从罗素的“凡是教师缺乏爱的地方，无论品格还是智慧都不能充分地或者自由地得到发展”到苏霍姆林斯基的“我把整个心灵奉献给孩子”……尽管古今中外的教育家们的教育思想有所不同，教育风格各有千秋，但有一点是共同的，那就是都崇尚“爱的教育”。爱是教师获得职业幸福的魂，教育不能缺少爱，教师更不能没有爱。明天集团开展“爱的主题教育”“让爱传出去”等活动，都是在帮助教师找到职业幸福的魂。当一个教师带着满满的爱去工作和生活，它也将收获满满的爱，收获满满的幸福。

具备专业能力是教师职业幸福的基础

富兰克林·罗斯福曾说过：“幸福来自成就感，来自富有创造力的工作。”

从事任何职业都需要相应的能力。能力是决定一个人是否能取得职业成就的重要因素之一，而职业成就感又是职业幸福的重要组成部分。教师职业幸福也并非自然天成，无论是来自学生成才的幸福，还是来自自我实现的幸福，抑或来自和谐关系的幸福，都需要教师不断提高职业幸福能力，不断加强自身修养。教师所需的教书育人的能力由教师的学识水平、教学能力、管理能力、教科研能力、人际交往能力、改革创新能力等诸多要素组成。我们主要从幼儿园教师的实践能力、交往能力、艺术修养、创造能力等几方面进行探讨。

（一）驾驭幼儿园教育教学的实践能力

实践表明，实践能力是教师专业发展的主要能力基础，在教师的工作中发挥着不可替代的作用。韩进之教授认为教师的实践能力应包括教学能力、语言表达能力、教育观察能力、注意分配能力，思维的系统性、逻辑性和创造性，教育想象力和教育机智。对于幼儿园教师来说，实践能力主要指的是组织一日生活活动的能力，包括班级管理能力、观察指导幼儿的能力、环境创设、活动区设计及材料提供能力，集体教学及家园沟通等能力。幼儿园教师只有具备了良好的实践能力，才能在工作中体会到一种胜任力，才能在工作中取得职业成就，获得职业幸福感。这也是明天集团大力倡导的“合适的人放在合适的位置”“为教师提供不同层次、不同类型的培训”的理念，目的就是让每一位教师都获得专业上的发展，具有专业胜任力。实践证明，具有良好实践能力的教师更容易在工作中获得幸福感。

（二）与人为善的交往能力

交往能力也是一个人情商的重要体现。越是从事低龄段教育的工作者越需要较高的情商，较高的情商对于维持和谐的人际交往有着重要作用。

首先要讲究礼仪。用礼仪来规范彼此的交际活动，表达对对方的尊重，增进相互之间的了解和友谊。如果不讲究礼仪，即使教师心里很尊重对方，想得到对方的好感，也不会给对方留下好的印象，因为人与人之间的相互观察和了解，一般都是从礼仪开始的。人际关系的融洽离不开一定的情感因素，而一定的情感的表达必然要通过一定的礼仪形式。热情的问候、友善的目光、亲切的微笑、文雅的谈吐、得体的举止等，可以唤起人们沟通的欲望，彼此建立起好感和信任。这些看似不起眼的礼仪形式，就像一条无形的纽带，拉近了教师与教师、幼儿、家长之间的心理距离，可以营造愉快、和睦的人际关系氛围。

其次要彼此尊重。只有人与人之间彼此尊重，才能保持和谐、愉快的人际关系。尊重包括自尊和尊人，以尊敬他人为主。自尊就是要自己尊重自己，保持自己的人格和尊严。一个具有自尊品质的教师，必然注意自身修养，自强不息，因而也会赢得幼儿、同事和领导的尊重。尊人就是对他人以礼相待，尊重他人的人格、感情、爱好及所应享有的权利和利益，对人诚心诚意，做到宽厚、宽容、大度。

最后要真诚待人。人与人相交贵在交心，人与人相知贵在知品，人与人相敬贵在敬德。真诚向来是为人所称道的道德，而虚伪则最遭人厌弃。真诚待人，可广结人缘，拥有众多的同行朋友和社会友人，与人相处就会感情融洽，即使有点误会或隔阂，也能消除，正所谓心诚则灵。虚假处世，只会糊弄一时，终不会长久，必定相交者寡。在礼仪及其规范的遵循上，如果你是真诚的，即使他人不赞同你的做法，也能理解你。

（三）拥有较高的艺术修养和审美能力

教师的审美能力是教师综合素质的外化，它体现在教师工作的一切领域，对于教师的形象、教学等方面具有深远的影响。幸福能力从某种程度上讲就是一种对主体自由的审美能力；幸福感就是一种生活的美感；审美是发现幸福、创造幸福的重要法宝，因此缺乏美感的人也一定缺乏幸福感。要收获教育幸福，教师既要有较高的精神境界，具有较高的艺术修养和审美能力，又要在教育过程中实现美的教育，这就是教育立美。明天集团提出教师要具有科学素养、艺术修养、人文涵养，就是为教师获得职业幸福提供保障。

（四）源源不断的创造能力

对于幼儿园教师来说，创造力尤为重要。对于学前期的幼儿来说，教育重在启发、重在操作、重在探索，这就要求教师不断推陈出新，激发幼儿的兴趣，调动幼儿参与活动的积极性，让幼儿在充满乐趣的探索活动中获得发展。幼儿园教师的创造能力不仅包括活动内容的创新、教学形式和教学方法的创新，还要有创新的思维方式，善于梳理和总结，善于在实践中将感悟上升为理论。当教师有所发现、有所创新并指导实践取得了实效时，会获得一种无可比拟的欣慰和成功的喜悦。

共同的精神家园

明天集团是幼儿成长的乐园，同样是教师得到提升的精神乐园。在我们的幼儿园，每位教师追求真知，实现自我，结伴成长，感受欢乐和成功，大家对集团充满着一种感激之情，一种眷恋之情。在集团文化的熏陶下，每一位明天人共同协作，团结奋进，依靠群体智慧，为更好地发展而不懈努力着。

在明天集团，人人都享有实现自我、展示自我的机会。在宽松和谐、民主开放的教育环境中，每个教师都有平等发展的机会和权利。我们每次大型活动的设计、组织、策划、主持和表演环节，大家都发挥所长，展现了各自的风采；根据不同教师的专长，园里又组建了各种各样的学科组、兴趣组，充分地发挥每位教师的特长；通过教学研讨、集体备课、相互观摩、师徒结对等，提高每个教师的专业素养。追求真理、不断探索、努力进步的过程就是求真的过程，明天集团的教师队伍是一支对教育求真的队伍。

幼儿教师从事的工作虽然琐碎、平凡，但每天的忙碌让他们感觉到一种充实的幸福感。每当听到幼儿稚嫩的声音：“老师，我爱你。”“老师，我喜欢你。”“老师，抱抱我。”教师们就会蹲下来抱抱他们、亲亲他们，让这些刚刚离开父母的幼儿得到些许的安慰，让他们感觉到教师们也会像妈妈一样地爱他们，而教师们也会有一种使不完的劲，感到自己是幸福的。每个幼儿都是一块有待雕琢的璞玉，在顽皮的表层下潜藏着耀眼的闪光点，教师将闪光点培育成教育的生长点。用欣赏的目光，为幼儿发挥主动性提供广阔的空间，促进幼儿的发展。

食堂工作人员努力将自己的能力和手艺展现出来，协助教师带领幼儿做月饼，包汤圆，给他们做创意生日餐、自助餐，做食材雕刻，丰富他们的饮食知识。这种与教师间的合作，正是受“求真、立美、至善”的明天文化影响的结果。任何岗位的任何一件工作都与幼儿有关，即使在行政和后勤等不直接接触幼儿的岗位上，每一个人也深知“我”存在的价值和必要性，这就是幸福所在。

爱幼儿是教师职业道德的核心，也是教育改造幼儿的最佳途径。为了让每一个幼儿体会到教师对他的关心，让每一个幼儿得到教师的爱，教师要努力树立榜样：要求幼儿做到的，自己首先要做到，与他们成为朋友，在游戏的时候让他们感觉到教师的爱。所谓言传身教，特别是对幼儿来说，教师的一切行为都是他们模仿的典范。在和幼儿的交流中，当幼儿真正把教师当成了他们的知心朋友，就会让教育教学工作更容易开展。给幼儿信心、给幼儿希望、给幼儿兴趣，陪着幼儿静静体味生活的滋味，倾听幼儿内心的声音。用眼去看幼儿的世界，用心去听幼儿的世界。走进幼儿的世界，和他们共同生活，共同游戏，静下心来，潜心教育，静待花开。

爱是幸福的结晶

爱幼儿，首先爱教师

厚爱是生活上关心、专业上引领、精神上带动，让每一位教职工拥有幸福的体验。民以食为天，经过多次调研和前期准备，我们享受到了健康的职工餐；学期结束，我们如家人一样一起动手，准备、制作、分享美妙的幸福大餐；日常生活中，血压仪贴心监测着我们的身体状况；每年一次的体检让我们享受到安心而又贴心的待遇……明天集团对每个明天人的祝福就是“身体健康、事业成功、家庭幸福、子女成才”，可以说这是个体幸福的根本。我们一方面注重个人素养的提升，一方面注重家庭幸福的营造。在明天集团，每位教职工都有一项特权——子女参加中考和高考期间可享受公假，这对教职工来说，是一个极大的包容、支持和安慰，将工作安排好，踏踏实实地陪伴子女参加中考和高考，这是一件让人羡慕嫉妒的事情。

虚心还要实腹

由于园所分布分散、食堂基础条件受限、食堂人员配备等诸多原因，明天集团一直没有员工食堂，各园和总部都通过外卖送餐的方式来解决职工餐。而外卖送餐的卫生条件、营养搭配、食物种类及送餐时间等都很难让教职工满意，也存在一定的食品安全隐患。例如外卖食品多油，教职工们长期食用的话，患高血脂、高血糖等疾病的风险升高，身体健康得不到保障；且外卖送餐时间不确定，造成送餐过早或者过晚，影响了幼儿园正常的工作秩序；再者，由于现有餐标的经费限制，外卖属于商业营利性质，其质量往往很难符合教职工的要求。因此，职工就餐问题一直是教职工反映比较集中、比较强烈的问题，职工代表也在职工代表大会上多次提出相关议题，但是由于政策、管理、基础条件等诸多原因，一直没有得到妥善的解决。

雷海环总院长到任后，为办党和人民满意的优质学前教育，提出了建设“教育高地、文化高地、幸福高地”的共同愿景，带领全体明天人紧紧围绕“求真、立美、至善”的集团精神来构建明天幸福大家庭，集中精力解决困扰集团发展、事关教职工切身利益的重大问题，为集团的再次腾飞奠定了好基础。

当听取了群众关于解决职工餐问题的呼声，了解到教职工的切身需求之后，一贯坚持以人为本办教育的雷海环总院长陷入了深思：虽然从表面上看，职工餐不在幼儿园保教主业之内，但是要提高集团保教工作质量，就要提高全体教职工的士气。

教职工的士气从哪里来？就是要让教职工满意、满足。而教职工目前都对吃外卖的现状表示强烈不满，教职工吃不饱、吃不好，心中难免就有怨气，士气就很难提高，人心也很难凝聚，也很难全身心地投入到保教工作中去。因此，职工餐问题不仅仅是单纯的吃饭问题，也是集团化管理的重要课题；既是关系教职工切身利益的民生工程，也是关系集团可持续发展的重要因素，影响了集团各项工作的开展和推进，影响了幼儿园保教质量的提高。但职工餐问题多年未解决，肯定是有客观条件的限制，尤其是集团园所分布广、人数多的实际情况，导致职工餐问题的解决不能搞简单的一刀切，必须要认真调研后稳妥解决，既努力让教职工满意，又不能出现负面问题和影响。

经过慎重思考，雷海环总院长在决定集团重大决策的行政扩大会上提出了解决职工餐问题的议题，组织全体主任、书记和执行园长进行研究，要求各园要统一思想，明确职工餐工作的重要意义，重视教职工的身体健康，在政策规定范围内积极地想办法解决教职工的职工餐需要，将职工餐问题的解决作为“爱心工程”和“健康工程”来抓，要用对职工的爱心来推进职工餐工作，既满足教职工的就餐需要，从食品安全角度来提高教职工的健康水平，也保证幼儿园正常的工作秩序，从文化环境建设和员工激励等角度来提高士气和工作效率，从而提高保教工作质量，更好地为幼儿、家长和社会服务。

在雷海环总院长的主导下，集团在推进职工餐工作上形成了以爱为基础，以管理为保证，党政工牵头，总部各部门各负其责，幼儿园积极推进的工作格局，很快形成了充分调研、前期试点、分批推进、不断完善的职工餐解决方案，成立了集团职工餐工作领导小组，由雷海环总院长担任组长，由综合部主任任副组长，各园执行园长、联合支部书记任组员，进行了合理分工，全面启动了职工餐爱心工程。

（一）深入开展“四轮”调研，掌握职工需求

“没有调查，就没有发言权。”在职工餐爱心工程伊始，集团就将调查工作放在首位，开展立体的全方位的调研，不仅了解教职工对职工餐的具体需求，也深入了解幼儿园、总部各岗位对解决职工餐问题的态度和看法，在集团范围内总共开展了四轮调研。

第一轮是安排四幼知春里园食堂管理员陶师傅作为调查员，深入十九所幼儿园进行调研。陶师傅骑着自行车，走访了每一个园所，与每个食堂工作人员面对面地沟通和交流，切实了解各园对建立职工食堂、解决职工餐问题的意见和看法，既是调研摸底、掌握情况、发现问题，更是传递集团实施职工餐工程的初衷和目的，达成食堂工作人员的共识，为建立职工食堂奠定思想基础。

第二轮是各幼儿园召开行政会，对职工餐问题进行研究，组织后勤、保健等主管人员畅谈意见和看法，并形成书面会议记录上交集团行政会，为集团民主决策提供依据。例如八幼佳园幼儿园组织教职工围绕职工餐问题进行集体研讨，查找推进工作存在的难题，集体反思解决难题的有效策略。

第三轮是召开集团行政扩大会议，对职工餐问题进行集中研究，充分征集各园执行园长、联合支部书记对职工餐问题的意见和看法。在会上，各位执行园长做出了关于推进职工餐的管理承诺，主动请缨将其管理的园所作为先期试点。园长们纷纷表示要将职工餐作为重点工作来抓，努力解决各方面的困难，增进教职工的福利。

第四轮是各幼儿园召开教职工大会，对职工餐问题进行全园研究，让每位教职工都畅所欲言，既收集了每一位教职工的心声，又听取了承担职工餐工作的食堂、保健、后勤等相关人员的具体意见和建议。

职工餐的四轮调研既是调查研究，又是全员动员，更是广泛宣传，让每一位教职工的需求得到了充分表达，也表明集团解决民生问题的决心，进一步统一了认识，明确了方向，为职工餐问题的解决夯实了思想基础，尤其是提高了幼儿园园长、总部主任对职工餐工作的重视程度，让每位干部都将职工餐问题作为管理工作的重点来抓，为职工餐解决提供了重要条件。

（二）制定“三精”工作标准，规范食堂管理

职工餐问题多年没有得到解决，其重要原因就是集团园所多、布局分散给食堂管理带来很大的难度，存在食堂管理风险。雷海环总院长抓住症结，决定从食堂管理入手，以职工餐工作为契机，在集团后勤服务体系中深入落实“始于精心、行于精细、成于精品”的工匠精神，每一项工作都精益求精，确保发挥最大效用，组织制定了明天集团职工餐管理制度，梳理了食谱制定、食品采购、库房管理、账目管理、卫生管理等食堂管理流程，形成了明确的食堂工作标准，为职工餐工作的推进铺平了道路。

雷海环总院长强调，职工餐是集团后勤保障工作的有机组成，反映的是集团后勤保障的管理能力和工作水平。借助职工餐的管理制度建设，实质上对幼儿园食堂管理工作进行了全面梳理，既是建章立制，也是推陈出新，确保了职工食堂和幼儿食堂按照政策要求实现独立管理，提高整个食堂管理的规范化、标准化水平。

事实证明，职工餐开始试点后，由于食堂整体管理水平的提高，虽然幼儿食堂和职工食堂在采购、库管、账目等管理环节上绝对分离，但是在管理标准、管理水平和管理质量上高度统一。不仅教职工享用到了优质满

意的职工餐，幼儿的伙食质量也得到了极大的提高，在教职工满意的同时也获得了家长的更高评价，充分发挥了职工餐工作以点带面、举一反三的全局效应。

（三）使用PDCA工具，分批试点稳步推进

明天集团推进职工餐工作，实际上是“摸着石头过河”，既要有改革创新、勇于探索的精神，也要有循序渐进、逐步推进的周密安排，更要有科学的管理路径和方法做支撑。

PDCA又叫质量环，是美国质量管理专家戴明提出的重要管理工具。雷海环总院长提出要在职工餐工作中充分利用PDCA的重要工具方法，形成计划（Plan）、实施（Do）、检查（Check）、行动（Action）的闭合工作环，具体到职工餐工作上就是将十九所幼儿园分三批进行试点，试点园先行，在试点过程中改进工作方法，形成工作经验，不断完善后续工作，逐步提高覆盖范围，提升工作质量，最终用半年时间实现职工餐的全面覆盖和平稳高质的运行。

在职工餐分批试点中，充分应用了PDCA倡导的“大环套小环、小环保大环、推动大循环”的原理。分批试点的工作路径就是PDCA的大循环，明确目标，确定试点，发现问题，形成经验，提出新目标，再推新试点，推动职工餐工作的车轮滚滚向前。

集团后勤部门和各幼儿园依据职工餐的工作目标，也建立了自己的PDCA的小循环，层层循环，通过循环把职工餐的各项工作有机地联系起来，彼此协同，互相促进。如集团后勤部门在试点前按照各园需求进行了职工食堂的设备配备，但在后期的跟踪检查中发现，少数园所对职工餐的条件需求预估不足，试点食堂存在设施设备老化和不足的问题。针对发现的问题，后勤部坚持“发现即解决，解决有结果”的质量管理原则，及时进行了设备配备和更新，解决了食堂的燃眉之急，保障了职工食堂的正常

运行。

集团职工餐工作是造福教职工的健康工程，更是浸润心灵的爱心工程。在职工餐工作中，从每一位干部到每一位教职工，从食堂工作人员到保健医，都在用心歌唱《让爱传出去》，都在用双手进行爱的传递。

因为有爱，因为想让教职工吃上卫生健康的饭菜，雷海环总院长带领集团领导班子无畏工作困难，无惧管理风险，将职工餐问题作为重要的民生问题和管理工作，将职工餐问题作为完善和优化集团后勤服务体系的重要节点，想方设法发掘潜力，在国家政策规定范围内“将最好的奉献给教职工”。

因为有爱，因为想让教职工吃上卫生健康的饭菜，在职工餐试点园选择过程中，每个园所的领导班子都在积极争取，联合支部都在积极配合，后勤、保健主管各司其职，都希望自己所在园所能够成为第一批试点，都承诺能够克服困难，利用条件，做好工作，都表现出那种“有条件要上；没有条件，创造条件也要上”的担当精神。

因为有爱，因为想让教职工吃上卫生健康的饭菜，食堂工作人员主动克服人手不足的问题，主动承担工作任务，主动加班，甘于奉献，怀着“你教育在一线，我保障在食堂”的信念，开动脑筋，努力将饭菜做得更加可口。教职工的满意就是他们最大的幸福。

有教师说：“今天中午，我们终于吃上了期盼已久的职工餐，荤素搭配，健康少油，咸淡适中，完美解决了众口难调的问题。所有的教职工在正午时分吃到了爱意满满的午饭，喝到了色香味俱全的热汤，热腾腾的饭菜散发着家的味道。看得出食堂师傅们的用心，手艺棒棒的，怪不得平日里孩子们总是吃得有滋有味，幸福的感觉透过味蕾钻进心头。”

明天人都说：“这就是以爱做调料的美味佳肴吧！这就是家的味道吧！品味着、温暖着、感动着……”

职工之家在每个人心中

明天集团的工会举办退休老干部团拜会；探望生活困难、生病、工伤的教职工；办理工会会员互助服务卡、女职工特殊疾病互助保险；为在职和退休的教职工安排体检；为过生日的教职工发放蛋糕卡；为家中有子女参加中考和高考的教职工放假；为在职及退休教职工发放福利；为教职工提供午餐后的水果。

幸福传递到每一个家庭

雷海环总院长在下园调研时提到，明天集团优秀的文化不仅会影响到自己的工作幸福感，还会影响到整个家庭和家族的幸福感。有教职工在当时不是很理解，疑惑怎么可能会产生那么大的作用。但真实的经历让明天人明白了这个道理。有一名教师的父亲身患重病，一家人都在伤心难过，愁眉不展。园所的领导和员工在百忙之中抽时间前去探望，在该教师最困难无助的时刻给予了强大的支持，使她能够勇敢面对现实，变得更加懂事和坚强，和家人一起积极带父亲治疗，在父亲最需要的时候日夜守候、陪伴在他的身边，悉心照顾。集团文化改变着这位教师，让她从家中被父母照顾的角色一下转变成照顾、体贴别人的角色；让她由听父母做决定转变成为父母果断地做出决定，她还将现实的困难转变成全家人共同面临的挑战，以积极的心态和饱满的信念去传播爱与关怀，与家人一起共渡难关。成功与幸福是可以创造的，在任何条件下都可以，只要有坚强的信念，便可以创造出奇迹。

我心目中的“幸福文化”

“幸福文化”，是“三个高地”和“六字精神”的浸润，是“精、细、实”管理文化的落地，是明天集团对全体师生员工的关心与爱护，是我们面临教育督评等重要任务时的奋斗，是我们面临新冠肺炎疫情危急时刻的坚守，是我们明天集团面貌的焕然一新！

将“六字精神”铭记在心中

我们将精神文化建设作为明天事业最坚实的基础。明天集团成立文化建设领导小组，充分发挥党组织的政治核心和战斗堡垒作用，启动品牌文化创新工程，依托全体教职工，组织深度访谈、沟通和培训，通过上下联动、全面覆盖，对集团文化核心元素进行科学分析和精心设计。

明天人从对教育理想的坚定信仰和对教育的高远追求出发，形成了“教育高地、文化高地、幸福高地”的共同愿景，回答了明天人“追求什么”的价值问题；结合中华民族传统文化的优秀元素，凝练出“求真、立美、至善”的核心价值，回答了明天人“如何追求”的问题；提出了逐步构筑“让每一个幼儿都快乐成长，让每一个教师都幸福发展，让每一个园所都稳步提升，让每一个家长都同程共进”的工作目标，回答了明天人具体要“干什么”的问题。

道之以德，齐之以礼

行为文化是教师与幼儿践行幼儿园文化内涵的概括和总结，在园所文化的整体建设中居于核心地位，有着极为突出的作用。它是幼儿园文化积淀在现阶段的显露，是幼儿园办园理念的行为体现，是行为习惯养成、内在素质积淀必不可少的一部分。

着眼点：激发成长的内在动力。行为的形成在很大程度上取决于信念的力量。唯有以积极向上的教育氛围陶冶师幼心灵，形成强大的内驱力，形成个体自觉和自我实现的心理需求，才能让个体不断完善自己，释放自身潜能。

关键点：改变师幼的行为方式。行为文化建设，首先要转变领导和教师的理念，转变他们的行为方式，再以此影响幼儿、家长，进而促进社区的转变。

落脚点：改善师幼的生命状态。行为文化建设的最终目标是改善师幼的生命状态。因此，要从个体生命需求出发，创设影响行为的环境，探索科学合理的影响行为的方法，因势利导、因材施教，让每个生命绽放光彩。

"播种"珍惜幸福的基本品格

爱是一种理解，是一种信赖，是一种尊重，更是一种心灵的碰撞与交流，爱是幸福成长的基础。心中有爱，才能更好地追求幸福。明天集团倡导师幼要有珍惜幸福的基本品格：爱。

一是要有爱人的情感。教师能够把自己的心血、才智、激情都凝聚在对每一个幼儿的爱中；幼儿能够爱父母、爱师友，学会理解爱与表达爱。

二是要有爱生活、爱学习的情感和实际行动。教师能够转而促进自身专业发展，深化对事业和人生的热爱追求；幼儿能够转而激发自身成长的动力，幸福快乐成长。

"播种"创造幸福的关键能力

创造幸福需要一定的智慧，唯有遇见智慧的自己，才能创造健康幸福的人生。明天集团的“幸福文化”倡导师幼要以智慧的行动创造教育幸福，实现成长的幸福。

教师方面，以专业智慧实现自我价值。明天集团注重提升教师专业智慧，为教师搭建多元的成长舞台，帮助教师摸清方向，给予正确及时的引导，解决教师教育实践中的困惑、问题，丰盈教师教育智慧，助力教师专业发展，从而实现教师的人生价值，让教师感受幸福。

幼儿方面，以多元智慧开启幸福人生。明天集团鼓励教师要以赏识的态度，发现每一个幼儿的闪光点，因材施教，启迪幼儿智慧，发展幼儿的潜能与特长，让幼儿在不断的成长中感受成长的喜悦，感受收获的幸福！

“播种”幸福成长的和谐行为

幸福成长的综合体现是全面和谐的发展，包括生命个体的身心和谐发展、人与人和谐相处、人与自然和谐共生、民族情怀与国际视野的双向和谐发展，要让每位员工和幼儿成为和谐社会中的幸福人。

一是生命个体的身心和谐发展。所谓身和心是聚焦到生命的全人发展，聚焦到儿童的“五个自我”，即身体自我、情感自我、社会性自我、认知自我、创造性自我。明天集团以建构主义、主动学习为理论指导，以游戏为基本形式，以国家、集团、幼儿园三级课程为基础，让每一个人实现身与心的和谐发展。

二是人与人和谐相处。“一枝独秀不是春，百花齐放春满园”，只有懂得与人友好相处，才能够更好地感受生活的幸福与美好。明天集团的“幸福文化”倡导人与人之间要存真诚之心，说真诚之话，做真诚之事，以真相交，以诚相待，相互尊重，相互包容，和谐相处。

三是人与自然和谐共生。人与自然和谐相处，至关重要。自然是人的生活中不可分割的一部分，学会与自然和谐相处是追求幸福生活的必要条件之一。明天集团的“幸福文化”倡导师幼要尊重自然，爱护自然，让人与自然更和谐，让大自然更美丽，让人们的生活更美好。

四是民族情怀与国际视野的双向和谐发展。在民族情怀中，明天集团以习近平总书记的“中国梦”为指导思想，以陈鹤琴先生的“做人，做中国人，做现代中国人”为理论基础，以优秀民族文化为载体，培养师幼文化自信和文化自觉。在国际视野方面，明天集团顺应时代发展趋势，以开放包容为原则，以多元文化为载体，注重吸纳先进的教育思想与教育理念，提升师幼思维能力，努力使师幼成为适应社会、具有责任感和科学精神、探究意识，同时具有民族情怀与国际视野的双向和谐发展的人才。

“三礼”教育从尊重开始

《荀子·修身》里面讲:“人无礼则不生，事无礼则不成，国无礼则不宁。”说的是人如果不守礼就没法在社会中生存和发展，做事如果不守礼就不能把事情做好，国家如果不守礼则不会安全稳定。就明天集团的事业来说，也是如此。无论人的发展还是事业的进步，都必须要以知礼、守礼和行礼开始。

我们说行为文化要从尊重开始，要从“三礼”教育开始。明天集团的“三礼”教育，指的是礼貌教育、礼节教育、礼仪教育。

礼貌指的是相互表示敬重和友好的品质和行为，是人仁爱及其道德品质的外化表现样态。我们常说某个人很讲礼貌，实际上讲的是这个人尊重他人的良好道德品质。

《礼记·儒行》里面讲:“礼节者，仁之貌也。”这句话指出了礼节是礼貌的外在规范性体现。它来源于人的自然自觉，然后体现于人的行为规范，主要包括仪表仪容、仪态举止、礼貌语言等。

礼仪则是社会组织的程序化礼节。《论语》里面讲:“恭而无礼则劳，慎而无礼则葸，勇而无礼则乱，直而无礼则绞。”直接指出了礼的规则化问题。

我们从礼仪教育出发，提出了仪式感教育的问题。法国儿童文学名著《小王子》里面有这样一段对话：“仪式是什么？”小王子问。“它就是使某一天与其他日子不同，使某一时刻与其他时刻不同。”狐狸说。

仪式感是给行为或者活动赋以重要意义和价值的活动，既是行为的心理内化，也是行为的规则化系统重复。仪式感给了明天集团的教职工这样一种自信和自觉：我们是独一无二的明天人。

雷海环总院长到任后，提出了“仪式感”的教育要求。她告诉我们不管年轻、年老，优雅应该成为每个人的习惯。法国思想家、大文豪伏尔泰曾说过：“气质的优雅使人心灵入迷。”气质是由内而外散发出来的人格影响力，彰显着一个人的修养和能力。能力与气质相辅相成，能力是气质形成的根基，气质是能力释放的催化剂。作为典型的非智力因素，气质更取决于后天的养成，乐观开朗的精神面貌、坚毅果断的意志品质、开放包容的胸怀气度、优雅沉稳的个性特质，这些均需要在实践历练中塑造，在能力运用中提升，在品鉴反思中凝练。只有具备非凡气质的人，方可发挥极致的才干，最终实现远大的理想。在我们这么做的时候，孩子们也同样受到了影响，他们开始关注自己的穿着是否得体、举止是否端庄，从而能够将自己完全融入活动之中，感受美、发现美，认真记录自己成长路上的点点滴滴。

礼仪教育从儿童抓起。礼仪教育通俗一点讲就是“做规矩”，贯串于幼儿生活中的礼仪主要表现在三个方面：一是文明的外表，如出门、做客要仪表整洁；二是语言方面的要求，如见面语、感谢语、告别语等；三是行为规范。这三个方面都将有利于幼儿发展其社会性，幼儿的礼仪教育关键在于加强幼儿的爱心教育。只有懂得爱的人，才会欣赏爱，理解爱。其实质是幼儿在社会化过程中，学会如何与人相处，与人交往。

在幼儿园里，幼儿特别喜欢模仿教师的一举一动，可以说教师是幼儿的镜子，幼儿是教师的影子。幼儿对教师的高度崇拜心理，使他们对教师的各种行为和表现都认真地模仿和学习。我们要对自己进行礼仪知识方面的充电，学习中国传统文化的经典，充分发挥教师的表率作用。教师要求幼儿做到的，自己必须先做到，要严于律己、以身作则、为人师表，做幼儿的楷模，树立良好的礼仪榜样。要结合幼儿的日常生活，开展幼儿礼仪教育活动。

基本礼仪：基本动作，如站、走、坐、蹲、敲门、递接物品的方法、咳嗽、打喷嚏、打哈欠等；礼貌用语，如“您好”“再见”“谢谢”“不客气”“对不起”“没关系”“请”等；日常生活，如揩眼屎、擤鼻涕、洗手、洗脸、照镜子、剪指甲、饭后漱口、擦嘴、刷牙、勤洗澡、叠衣服、洗手间的使用方法等；基本交往，如打招呼、谈话、自我介绍、介绍他人、同学之间互相帮助等。

家庭礼仪：尊敬长辈，如称呼长辈必须用尊称，听从教导、体贴长辈，回家和离家的时候打招呼，有长辈在身边时应请长辈先行，帮助长辈做力所能及的事等；行为习惯，如说话时要看着对方的眼睛，收拾自己的玩具，物归原位，爱惜物品，不浪费，和他人和谐相处等。

幼儿园礼仪：入园和离园礼仪、课间盥洗的礼仪、教学活动的礼仪、户外活动的礼仪、进餐礼仪和午睡礼仪等。

要将礼仪渗透至幼儿一日生活的全过程。

在环境创设中感染。在语言区设置礼仪栏，提醒幼儿一言一行要符合礼仪规范；在洗手间张贴醒目图标，让幼儿自觉遵守秩序，学习礼仪之道；在图书角放入礼仪方面的书籍，使幼儿在欣赏故事、图片等书籍时，受到感染。

在教学中渗透。教育学认为：德育与智育的融合与互动是课堂教学的规律，德育与智育是血肉相连、相互促进的。将礼仪教育渗透在平时的各项教学活动中，使幼儿时时刻刻受到良好行为习惯的熏陶，促进幼儿全面、和谐、平衡地发展。

在游戏中锻炼。游戏是幼儿基本的活动，也是他们最喜欢的活动。对于难以理解社会道德观念的幼儿来说，教师应设计幼儿容易参与、趣味性强的游戏，让幼儿在游戏活动中受到启发和教育，使幼儿在看中学，在动中习。

在协作中矫正。良好的行为形成不是一朝一夕的事，良好的习惯要在不断的重复和学习中形成。幼儿的礼仪需要经过多次的反馈与矫正才能收到一定的效果。让幼儿参与到教育中来是最好的方法，如让幼儿进行民主评议，使每个幼儿在评议过程中认识是非、对错、美丑。习惯的养成是一个长期的过程，除了日常生活中的教育外，还可以通过开展一些活动来培养，做到以点带面，在幼儿中树立榜样，让他们有学习的目标。榜样的力量是无穷的。

在实践中巩固。幼儿理解能力差，因此，在说理的同时，可以为幼儿提供实践的机会，布置适当的任务让他们去做，或者创设一定的情境让幼儿练习，使他们在实践中体会乐趣、加深印象。让幼儿在实践中不断学习、巩固、练习，最后形成良好的礼仪行为。

在家庭中宣传。父母是幼儿在生活中模仿的主要对象，父母应以身示范，树立榜样。要善于结合日常生活中的点点滴滴，抓住教育时机对幼儿进行礼仪教育。礼仪是一个人美好心灵的展现，是我们每一个人人生旅途中必修的一门课程。只要我们针对幼儿的心理，让他们乐中有学，玩中有学，在多种有趣的活动中挖掘素材，循循善诱地加以引导，使他们在学习中受启发，在实践中见行动，就能使他们养成文明习惯，掌握交往礼仪，融洽人际关系，塑造健康人格，形成良好的礼仪行为。

明天集团形成了独具特色的“幸福坐标系”，在横向上关注“求真、立美、至善”的“幸福文化”价值理念，在纵向上关注“蓄能、赋能、释能”的幸福团队成长阶梯，将文化落地于行为、外化于环境，固化于制度，形成了明天文化建设的特色矩阵结构。

环境就是文化

幼儿园环境文化是园所文化的物质层面，是园所自然环境和人文底蕴的综合体现。物质文化建设是精神文化建设的基础，体现着园所文化的整体品位，更与精神文化有着相互促进、相互依存的关系。物质文化具有教育功能、示范功能、凝聚功能、创造功能、熏陶功能等，能为幼儿良好心理品格与正确理念的形成奠定坚实基础。为此，明天集团在“幸福文化”的核心理念的引领下，形成了幸福的环境文化。

清水出芙蓉、天然去雕饰

大自然是一部真实、丰富的百科全书，蕴含着巨大的教育价值。大自然的一草一木、一花一叶，对幼儿有着极大的吸引力，能够调动幼儿体验、探索、学习的兴趣。明天集团珍视自然环境对幼儿的育人价值，以绿色生态观为指导，潜心打造绿色自然的园所环境，引导师幼亲近自然，享受自然之美，激发尊重和敬畏之情，从而学会与自然和谐相处，树立善待环境的意识，蓄养幸福。

清新绿韵，赏自然之美。春夏秋冬四季更迭，让自然富有特征和变化；动物和植物让自然富有生命和灵动。自然景物，以其特有的色香形声，带给人精神的愉悦和审美享受。明天集团合理规划园所的绿化区域，遍植花草树木，让园所的每一个季节都充满生机，让教师和幼儿置身其间，领略大自然的千姿百态、气象万千，尽情感受自然之美的熏陶。园所的建筑装饰和室内空间普遍采用纯天然的材料，园所的每一个角落都充满自然的气息，师幼能充分体会自然之美，进而发现和创造生活之美，成就更加美好、饱满的人生。

多元体验，享自然之趣。著名教育家陈鹤琴先生曾提出“大自然、大社会都是活教材”的观念，《幼儿园教育指导纲要（试行）》中也指出要“充分利用自然环境和社区的教育资源，扩展幼儿生活和学习的空间”。可见，对于幼儿来说，大自然不仅是他们最好的游乐场，也是他们获取科学知识的大课堂。明天集团以大自然为活教材，培养幼儿的探索和认识兴趣、提高他们的审美能力及情趣。带幼儿参观种植区，激发他们探究的兴趣；让他们亲近小兔、小羊等小动物，抚摩喂食，激发爱的情感；用自然材料做手工制品，激发创作的灵感。春天播种、夏天赏花、秋天收获、冬日弄雪，大自然的变幻、丰富多元的互动体验让幼儿尽享无穷乐趣。

随风潜入夜，润物细无声

幼儿园的环境是师幼生活的空间，需要以明快的色彩带去感官的愉悦，同时又是文化的承载方式，需要以浓郁的人文书香涵养性情。明天集团在塑造环境的过程中，以“幸福文化”为核心，融文化内涵于园所的每一个角落；以传统浸润童心，以阅读启迪智慧，让教育如春雨点点入地，丰盈生命，涵蓄幸福，滋润成长。

古风典雅，以传统浸润童心。中华优秀传统文化博大精深，蕴含着丰富的道德品质和文明智慧，对幼儿的身心发展具有积极的作用。明天集团关注传统文化的教育价值，在环境中遍植中国元素：走进总部大门，门窗设计古色古香；点缀在角落的石雕摆件，古典素雅，彰显着浓郁的中国风；信步走廊与楼梯间，大红灯笼的吊饰大气美观、引人注目，京剧脸谱的剪纸作品搭配中国风的边框，突显浓厚的国粹底蕴；室内墙上大幅的山水画，气势恢宏，桌上一席素雅的桌布，清新别致，如流水一般静静流淌在师幼心间。

书香人文，以阅读启迪智慧。阅读是个体实现可持续发展的必备能力，学龄前养成的良好学习品质和习惯将为幼儿提供成长和发展的不竭动力。明天集团充分利用园所空间，为教师和幼儿营造多元立体的阅读环境，培养阅读兴趣，启迪师幼智慧。教室里配备丰富的阅读材料，加上童趣化的图片符号、科学的阅读区域，打造出多元的阅读空间，让幼儿享受体验分享的快乐，丰富阅读经验。走廊里，以多样性的阅读材料丰富装饰，突显幼儿的启发性和创造性。创设充满童趣的阅读情境，满足幼儿视觉、听觉等阅读需求，润物无声中培养师幼的阅读习惯，奠基阅读素养。

明月松间照，清泉石上流

幼儿园布局不仅仅是单纯的空间布局，而是一个整体的规划和设计，对幼儿的成长具有无声的教育功能。因此，不管是出于整体性的考虑，还是单纯的空间布局，都需要坚持科学性与教育性。明天集团在物质环境的打造中，注重立体空间的巧妙布局及多元文化的巧妙融合，为师幼打造幸福成长的空间，助力师幼储蓄幸福、快乐成长。

立体空间巧布局。幼儿园设计的空间布局，主要是围绕室内空间和室外空间进行整体的布局设计，对幼儿园的布局和幼儿的生活起着不容忽视的作用。幼儿园设计过程中，注重园所布局的科学性，无论是空间的布局，还是器材的摆放、主题颜色，都要整体协调，有助于师幼健康生活，快乐成长。除此之外，幼儿园的空间设计上要着重突出童趣的特点，吸引幼儿的注意力，引导幼儿向有利的方向发展。

多元文化巧融合。明天集团在环境创设之中，不仅关注呈现美感，而且还考虑环境的人文性。一方面，幼儿园在环境中融入园所文化理念，在体现自身的独特性和优势、符合孩子们身心习惯的同时，突出办学理念、宗旨，吸引孩子们更多的目光和思想；另一方面，幼儿园注重吸纳多元的文化思想，为幼儿打造一个国际化、多元化的开放环境，使幼儿能够受到不同文化的熏陶，为师幼储蓄幸福。

始于文化，成于制度

明天集团加强制度文化的建设，将集团制度文化作为精神文化与物质文化的凝结体，为集团文化的健康发展提供保障。明天集团坚持以人为本的基本原则，采用上下联动、共同参与的方式，将“依法治教、依法治校”的理念渗透到制度文化建设中来，组织各部门、联合支部依据政策法规和集团工作实际梳理、修订和完善集团各项规章制度，完善了总部和幼儿园两套规章制度，细化了总部、幼儿园的管理规范，提高了制度建设的科学化和规范化水平，充分发挥了制度的激励、引导和规范作用，以人文关怀凝聚人心，提高了集团文化的硬实力，为集团化管理体系的建设夯实了制度基础。

教育文化，重在立德树人

对于集团化办园而言，精神的传承与创新、物质的优化与创造、行为的规范与超越、制度的完善与落实是支撑优质教育的四梁八柱。精神、物质、行为和制度四个层面的文化最终以教育文化的形式来呈现和固化，并最终发挥文化对教育发展的促进作用。在明天集团的教育文化创建中，科研、督导、课程、特色、常规成了文化绽放的关键词，成了明天教育集团综合改革的重要组成。

科研先导，磨砺刻历解决真问题。明天集团坚持科研兴教的理念，营建了立足实践、开放多元、重视交流及教育、教研、科研三位一体的教育科研文化。目前，我们承担了十三项北京市学前教育研究会规划课题、九项海淀区教育规划重点课题，北京市教育科学“十三五”规划课题“幸福教育视域下幼儿园综合改革实践研究”获准立项，参与的北京市重点课题“协同教育视角下儿童学习品质的培养研究”也取得了阶段性成果。我们引导教师积淀、固化和转化教育科研成果，近五年来明天集团共有六百余篇论文、案例在国家市、区级教科研评比中获奖，数十篇论文在国家核心期刊发表。

以督促建，日省月试追求真发展。明天集团建立了问题导向、上下联动、内外结合、以督促建、以督促教、督教结合、辐射引领的教育督导新文化。明天集团以教育督导评价为重要抓手，将内部督导评价与外部督导评价全面结合，加强对幼儿园的质量评价与业务引领。尤其在2021年的A级幼儿园督评迎检工作中，在时间紧、任务重的情况下，明天集团通过对教育管理、队伍建设、保教常规、教育科研、卫生保健、后勤保障等各方面工作的指导，立足教育实践现场，坚持“精、细、实”的管理理念，坚持目标导向和问题导向，帮助幼儿园发现问题，分析原因和探究对策，认真落实《幼儿园工作规程》《幼儿园教育指导纲要（试行）》《3~6岁儿童学习与发展指南》，优化疫情常态化防控下的保教常规体系，顺利完成了四所A级幼儿园的现场督评迎检工作。

课程构建，庖丁解牛实现真教育。明天集团营建了以幸福教育为根本指向，以合作开放为基本特征，以项目实施为突破方式，以家园合作为基础的幸福教育课程文化体系。幸福教育的课程文化坚持以幼儿生命、生长为核心，以游戏精神为灵魂，以一日生活为基本内容，以生成课程为主要形式，它是有温度、有生机，蕴含着教育哲学与诗意的课程文化。幸福课程建构是“幸福文化”的核心。在推进“幸福文化”的过程中，明天集团注重课程改革，在借鉴当前先进教育理念和实践探索的基础上，关注教育的幸福度，构建课程的“幸福场”，提升幼儿的幸福感，对幸福课程理念进行整合和重构，形成了“活融趣中绽幸福”的课程文化，助力幼儿幸福成长。

灵活的课程幸福度

陈鹤琴先生认为，传统教育的课程内容是固定的，教材是呆板的，先生只是一节课一节课地上，学生只是一节课一节课地学。这样的读书只能造就“书呆子”。鉴于传统教育的严重弊端，唯有提倡“活教育”，到大自然、大社会中去寻找“活教材”。明天集团在课程中关注教育的幸福度，遵循陈鹤琴先生的教育理念，倡导课程要“活”起来。

一是教育资源要充分汲取生活的源头活水。明天集团从幼儿发展需求出发，努力把一个偌大的世界当作课程和教材，以课程、教材的大视野带来教育教学的大格局，让幼儿在与自然和社会的直接接触中，在亲身观察中获取经验和知识。

二是教育方法要开放灵活。幸福课程是开放性的课程，它以一日生活为内容，在开放性的空间和时间中，由幼儿发起、由幼儿推动，课程转折由幼儿引发，幼儿成为课程的主人，幼儿成为自主游戏的创造者，在开放的活动中“做中学，做中教，做中求进步”，获得自主、自信，成为快乐幸福的幼儿。

兼容并包的课程幸福场

明天集团的“幸福文化”聚焦幼儿全面发展，以健康、语言、科学、艺术、社会五个领域为基本教育内容，以整合性主题活动和学科活动为主要课程组织形式，融会贯通，为幼儿提供丰富多彩的学习内容，构建多元立体的成长空间。

传承中华优秀传统文化。明天集团注重中华优秀传统文化在幼儿园中传承和发展，在幼儿园中开展了水墨画、扎染、剪纸等教育教学研究。如幼儿水墨画活动以培养幼儿的审美能力、创造美的能力为导向，变革传统的临摹教学方法，在把握幼儿的审美年龄特点、激发幼儿内在审美动力的基础上，在大胆自由创作的过程中，感悟文化，体验创作的快乐。

开展多元化音乐艺术。明天集团各幼儿园根据自身发展需要，还开展了“以音乐活动培养幼儿积极情绪情感”的课题研究，以世界各地经典音乐为载体，通过歌唱、欣赏、创编等多种形式的音乐游戏活动，培养幼儿积极、乐观、向上的品质。

弘扬体育运动精神。健康的体魄是人发展之本。明天集团注重幼儿体质发展，鼓励具有特色的幼儿体育活动，培养幼儿坚强、勇敢、不怕困难的体育精神，培养幼儿坚持、坚忍、不气馁的学习品质。各幼儿园利用传统民间体育游戏，如滚铁环、跳房子、丢手绢、跳皮筋、斗鸡、抬花轿、武术、空竹等，来发展幼儿的力量、平衡性和灵活性。同时在体育游戏中，鼓励幼儿自主进行游戏材料的选择和游戏形式的建构，让幼儿成为体育游戏的主人。

关注自然生态。明天集团践行陈鹤琴先生的“大自然、大社会都是活教材”的理念，支持幼儿园根据自身优势，开展独具特色的生态课程，努力打造幼儿园绿色文化。通过课程研究培养幼儿热爱大自然、喜欢探究，拥有绿色情怀，具有环保意识，让幼儿从小理解人与自然的和谐共生，知道保护人类赖以生存的环境是每一个公民的责任和义务，让人与自然和谐发展的理念在幼儿幼小的心灵中生根发芽。

妙趣横生的课程幸福感

幸福课程是幸福在课程中播下的种子。幸福课程以生命、生长为核心，以一日生活为基本内容，以生成为课程基本形式，以游戏精神为课程灵魂，构筑有自主之趣、游戏之趣、挑战之趣的幼儿园课程，让幼儿在快乐与童趣中体验幸福。

尊重幼儿生理发展之时，突出自主之趣。幼儿园课程改革不是构建一套课程体系、开发一套教材内容，而是要树立“一日生活即课程”的理念，我们建构的幸福课程就是通过改善幼儿园生活各环节，以儿童为中心，调整幼儿活动的空间和时间，整合幼儿一日生活各环节，打破教师班级管理时间，遵循幼儿生理发展规律，让幼儿在开放自主的游戏中获得快乐，在快乐中感触幸福，让幸福课程具有爱的温度。

追随幼儿心理发展之需，突出游戏之趣。明天集团进行的幸福课程改革，主要是实现幼儿一日生活游戏化的过程。我们认为，幼儿园课程游戏化是实现幸福、提升质量的关键要素，主要体现在三个层面：一是游戏精神，主要是让幼儿在一日活动中具有自由、自主、创造和愉悦的情感体验；二是指在一日生活中由游戏生成教学和教学生成游戏相结合；三是指游戏环境创造与游戏氛围营造，游戏时间的充分保证，游戏材料的多样性，师幼关系的改变，班级管理方式转型及弹性作息时间（自主进餐）等。幸福课程是让课程更适合幼儿，更生动，更丰富，更有趣，课程有助于幼儿获得新经验。在这一过程中实现教师儿童观、教育观的转变，教师退位，追随儿童发展，从而实现课程模式的改变，促进教师专业发展和儿童快乐成长。它追随幼儿心理发展之需，引领幼儿尽享自主游戏之趣。

相信幼儿有发展之力，突出挑战之趣。幸福课程以幼儿生活为素材，没有统一的教材和大纲，幸福课程的空间是开放的，幸福课程的时间是灵活的，幸福课程的内容是未知的，这就让幸福课程充满挑战。在挑战性课程中，明天集团赋予幼儿创设课程的权利，相信幼儿有能力做自己活动的主人。

幸福管理文化的践行

幸福育人，育幸福人。明天集团在管理中将文化建设与教育实践全面结合，全面推进“求真、立美、至善”六字精神在各园、各部、各岗的落地生根，以“精、细、实”为管理理念打造幸福管理，用幸福汇聚成长力量，让幸福渗透在每个角落，全面开花结果，形成了“精、细、实”中育幸福的管理文化。

管理方法追求“精”

精炼团队，以幸福型组织激发力量。在“幸福文化”的视野下，明天集团在幼儿园领域第一个引入幸福型组织建设的概念，为明天文化全面管理提供有效的载体和工具，承载着明天人的核心价值、共同愿景及对幸福的终极追求。幸福是人们生存和发展的需要得到满足的一种状态，是人的生理幸福、心理幸福和伦理幸福的辩证统一，是人性得到肯定时的主观感受。幸福型组织概念则是管理发展的新阶段，其精髓在于激励人、自我实现人、文化人、幸福人的理念，其实质是改变人的生活，使人获得幸福与快乐。从组织行为学来讲，幸福型组织着眼于个体、群体和组织三个层面的发展目标，通过激发人的潜能和塑造高素质的人员，来获得人和组织在物质、社会和价值方面的幸福。明天集团视野下的幸福型组织建设是尊重人的需要和主体性，把教职工作为集团化办园的主体，注意提升教职工的地位，发掘人的潜能，发现人的价值，发展人的素质，发挥人的力量，充分发挥组织成员的主动性、积极性、创造性，把个人目标和组织目标有机统一起来，使组织成员获得了物质性的、社会性的及价值性的幸福，从而达到了集团化办园推动师幼共同成长的终极目标。幸福型组织建设对明天集团的价值不仅仅在于幸福本身，更是成为了承载明天集团共同愿景和核心价值的重要载体，成为了整合教育与文化的开放平台，为明天人开辟了走向幸福之路的蹊径。

精进策略，以道术结合提升效率。明天集团重视道和术的结合，道是思想，术是方法，明天集团的文化建设正是思想与方法的全面结合。我们在凝聚信念、汇聚力量的同时，积极推广先进的管理技术与方法的应用，例如通过引入PDCA质量管理工具来全面推进管理工作，引导干部团队事前进行认真调研和科学策划，事中提高执行力度和及时发现问题进行调整，事后进行全面反思和提高。PDCA、思维导图等重要管理方法在区教育督导等重点工作中得到了深入的应用，幼儿园在总部的指导下，事前做好对工作的系统分解，完成每个细节的设计与考虑，在活动中依据需要进行及时灵活的调整，适时开展集体的全面反思，实现了在活动中反思，在反思中进步，确保了督导工作的顺利进行。又如集体学习“六顶帽子”的科学方法，组织各层人员组成小组进行学习和演练，提高管理决策的科学化水平，通过道术结合来解决难题，实现超越。

管理流程追求“细”

“六镜意识”，关注每一个细节。明天集团在教育管理实践过程中大力倡导“六镜意识”，将其作为落实六字精神的生动实践，即：放大镜，悟收获；显微镜，找问题；望远镜，重规划；广角镜，拓思路；平面镜，识差距；后视镜，促提升。重点在于引导干部和教师拓宽视野，求深、求细地认识工作和认识自我，在教育实践过程中关注每一个细节，全面查找问题，分析原因，规划方法和创新策略，从而促进工作品质的不断提升。例如在教育研磨过程中，我们尝试晨、午、晚例会制度，鼓励每位教师积极沟通和反思，边实践、边研究、边提升。

坚持学习，关注每一个层级。坚持学习是追求幸福的重要途径，从总部到幼儿园、到班级等各个层级建立了学习共同体，致力于培养明天人终身学习的理念，定期组织行政教研和集体分享，引导教职工自觉学习、自愿学习，抓住工作生活中的每个学习契机，抓住事物发展的规律，转变思考问题的角度，打牢基础、增强自信、勇于创新。例如重点实施了领航计划之国学讲堂，邀请清华大学知名教授组织开展了《论语》《庄子》《老子》《大学》《中庸》等经典的专项培训，组织各园将传统文化的优秀元素与园所管理和教育发展充分结合，形成学习经典、反思经典和践行经典的良好氛围，通过丰富文化内涵来提高思想境界，通过优秀传统文化的传承来实现文化的创新与蜕变。

全面联动，关注每一个环节。明天集团建立了问题导向、上下联动、内外结合、以督促建、以督促教、督教结合、辐射引领的教育督导新文化。明天集团以教育督导为重要抓手，关注管理工作中的每一个环节，将内部督导与外部督导全面结合，加强对幼儿园的质量评价与业务引领。教育督导小组通过对教育管理、队伍建设、保教常规、教育科研、卫生保健、后勤保障等各方面工作的指导，立足教育实践现场，落实管理理念，坚持问题导向，帮助幼儿园发现问题，分析原因和探究对策。明天集团顺利完成了区教育督导并获得优异成绩。

管理效果追求“实”

落在实地：全员参与，让“幸福文化”深入人心。明天集团倡导文化的全员参与，将幼儿、教师和家长都吸纳到明天文化的建设中来，建设了围绕核心价值理念的各个层面的文化子系统，例如明天集团将《弟子规》的学习从园长延伸到教师，从教师延伸到幼儿，从幼儿延伸到家长，让幼儿将《弟子规》的文化精神带回家庭，传播和弘扬了传统文化中的优秀元素，借助优秀传统文化来规范园长如何管、教师如何教、幼儿如何学和家长如何配合教育，实现了以文正心、以文正行、以文促教、以文促学的根本教育目的。

春华秋实：加强宣传，让“幸福文化”形成品牌。明天集团将传统媒体与新媒体相结合，加强了文化品牌宣传工作。明天集团注重新媒体的建设，不断提高微信公众号的运行质量，通过微信公众号组织投票活动来扩大公众号的影响力和辐射面，传播了集团的教育新形象，创新了党建和教育栏目，整合总部各职能部门的优势资源，提高原创文章的推送。完成了定位于“体现民族性，融教育、文化、艺术于一体的国际化幼教品牌”的明天集团新网站建设，通过网站来弘扬明天理念，传播明天文化，彰显明天教育品质。园所子网站成为了“幸福文化”理念、教育理念与教育实践的有力支撑。

第五章　幸福型组织建设之明天工具

学习有方法，工作有方法，那么幸福有方法吗？幸福也是有方法的。幸福的方法有三：一是生命成长层面的生命能量的蓄积、赋予与勃发；二是生命体悟层面的学习，即明天集团行动学习思想的学习、践行与传播；三是生命工具层面的学习和掌握，即各种科学的学习工具的应用。

“幸福文化”的能量阶梯

幸福，是人的价值得到满足时的状态，是人类永恒的追寻。生命因超越而幸福完整，人只有实现生命的价值，活出生命的精彩，才能感受到幸福。人只有发挥生命的潜能，张扬生命的个性，才能谈得上完整。在哲学家尼布尔看来，生命的超越性表现在“对自我的改善和对生命有限性的突破”，在这个不断自我超越的过程中，人创造并享受着当下存在的幸福、不断突破的幸福，在过程中每一个阶段、每一个当下，生命不断走向成熟。

幸福是一种主观感受，又与客观因素密切相关，在不同的时间和环境下，有不同的理解。在体验层面上，幸福是一种愉悦与满足的内心感受；在意志层面上，幸福是锐意进取、奋发有为的积极态度；在成长层面上，幸福是丰盈生命，实现个体蓬勃发展的追求。

明天集团尊重生命成长规律，从幸福内涵的多个层面出发，总结形成了“幸福文化”的内涵：即通过增强幸福心体验以蓄能，注入幸福正能量以赋能，让“幸福文化”成为一个完整的教育生态，激发个体的能量，并结出累累硕果，实现每一个人的幸福成长。

蓄能，增强幸福心体验

“心若有芝兰，吐纳皆芬芳。”内心充满幸福感和获得感，才能不断地为成长积蓄内动能量，才能由内而外焕发幸福光彩，才能拥有发自内心的幸福人生。

明天集团致力于在每位明天人的心中种下幸福的种子，让幸福的力量在明天人的内心生根、发芽，为每个人的生命成长积蓄能量。在管理中，明天集团注重营造一种轻松、平等、和谐、美好的氛围，让教职工能在这种氛围中最大地发挥工作积极性和主观能动性，发自内心地热爱教育事业，并从中收获职业幸福感；明天集团的雷海环总院长注重各园管理层的人文关怀，从工作、生活各方面给予支持和关爱。在教育教学中，明天集团各幼儿园倡导尊重幼儿身心发展规律和性格特点，给予幼儿充分且适宜的自主成长空间，让幼儿在开阔的成长空间中养成健全的人格，让幼儿能够身心舒展，快乐、幸福地成长。通过创设让内心生长、让生命蓄能的环境文化，明天幼稚集团让全体明天人都能增强幸福心体验、收获幸福心品质，让幸福的涓涓细流在集团文化中不断流淌，积势蓄能，奠基幸福成长。

赋能，注入幸福正能量

“青青园中葵，朝露待日晞。”赋能是授予、给予，是一种能量的传授与传递。教育既要尊重天性，发展师幼的生命潜力，也要遵循规律有意识地引导人的发展，为人的成长赋予能量和能力。

明天集团的“幸福文化”强调激发人的品格，强化人的精神力量，赋能启慧，为他人注入幸福正能量。幼儿方面，明天集团在课程设置中，建设多元立体的课程体系，通过多种途径创新课程的实施方式，注重正面、积极的引导，全方位赋予幼儿幸福正能量。教师方面，明天集团注重强化教职工的幸福感，通过定期的幸福型组织培训，加强管理者的幸福感知力和幸福胜任力，同时通过各种教科研活动，提升教师队伍的专业能力和综合素养，让教师在教育事业中播撒幸福、收获幸福。通过为教职工和幼儿赋能，明天集团实现了幸福正能量的循环传递，让这种能量在集团与各园所之间、在教职工之间、在师幼之间不断传递，激励所有明天人幸福前行。

释能，实现幸福欣成长

“阳春布德泽，万物生光辉。”释即释放，释能就是将积聚的幸福能量由内而外展现出来，让幸福真正助力自身成长的过程。

明天集团认为幸福是一种欣欣向荣的生命状态，是明天人实现生命舒展和生命生长的催化剂。一方面，明天集团注重充分调动教职工的幸福胜任力，让教师在幸福的氛围中拓展自身的成长空间，在专业的培训活动和高质量的教科研活动中获得自身的专业成长，在教育事业中欣欣向荣，幸福发展，实现人生价值。另一方面，明天集团对各园所的保教保育工作全面关注、支持和监督，鼓励各园所找准自己的特色优势，运用多样化的培养方式，帮助幼儿实现五大领域的均衡发展和德智体美劳的全面发展，在集团文化的引领下，促进每一个幼儿快乐生活，欣欣向荣，向着美好的未来茁壮成长。通过营造欣欣向荣的精神氛围，明天集团释放了教职工和幼儿的幸福动力，为集团的蓬勃发展提供了力量，让幸福的力量推动全体明天人和集团共同成长，向着更光明的未来，一路幸福前行。

“幸福文化”的三点支撑

明天集团溯教育与文化之本源，致力于以文化打造明天集团的卓越品质，经过倾心研究与总结，借助三角形稳定原理，提出了“幸福文化”的三点支撑，即以立根为出发点，奠基明天；以铸魂为着力点，传承责任；以提质为延展点，深化发展。以上三点相互关联、相互传递，形成稳定的三角形，共同支撑起“幸福文化”的大厦。

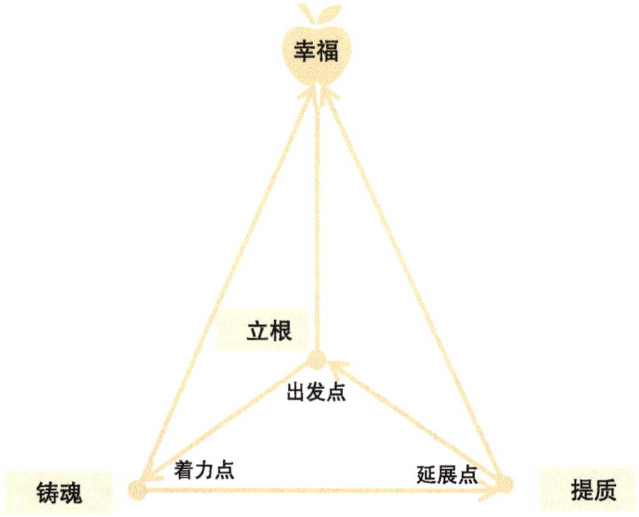

“幸福文化”的出发点：立根，奠基明天

“今日之幼童，必为明日之民族”，一个民族的幸福明天，要以学前教育为出发点；“人生百年，立于幼学”，一个人的幸福明天，也需要以学前教育为出发点。

立教育之根，奠基民族的幸福明天

儿童，便是下一代的民族，凡现代中华民族应负的使命，儿童虽小，也决不例外，张雪门先生认为，今日之幼童，就是未来的主人翁，优秀民族实基于幼稚教育，并提出了改造民族的幼稚教育的几项具体目标，其中就有“唤起我民族的自信心”“养成劳动与客观的习惯态度”等。基于这种认识，他主张幼稚教育必须要根据三条原则：一是中国的传统文化；二是国家民族的需要；三是儿童的心理发展。因为这样才能培养儿童的伦理观念、民主生活和科学头脑。同时，他认为幼稚教育的目标必须随时代的前进而改变，符合时代的需要和造就中华民族优秀的新一代的要求。

明天集团在幼儿教育中，把优秀的民族文化作为载体，以文化润泽心灵，以文化启迪智慧，实现儿童发展和文化传承的双向创生。在传统文化教育中滋养真、善、美的人格，孕育民族灵魂。

立成长之根，奠基每一个人的幸福明天

梁启超在《论幼学》中说：“人生百年，立于幼学。”人生百年，建树立足于幼年所受的教育，足可见幼儿教育对一个人一生成长的重要性。学前教育作为教育活动的最初阶段，在幼儿成长过程中扮演着重要的角色，是幼儿一生发展的立根阶段。基于学前教育的基础地位与幼儿特殊的年龄特点，幼教工作者需要在幼儿的人生起点培育幼儿的美好品格，养成幼儿的良好习惯，启迪幼儿的创新思维，促进幼儿德智体美劳的全面素质发展，立成长根基。

明天集团深入理解学前教育的基础地位，以幸福成长为最终目标，从幼儿年龄特点和成长需求出发，遵循幼儿身心发展规律，不断完善系统的教学模式，提升幼儿综合素质，为幼儿的幸福人生奠定坚实根基。

“幸福文化”的着力点：铸魂，传承责任

幸福的明天离不开收获的昨天，也离不开奋斗的今天，因此，明天集团基于铸魂的责任，提出了以传承责任为着力点，追求幸福的明天。一是传承文脉，以中华优秀传统文化铸民族魂，勇担历史使命；二是立足当下，以“奋斗幸福观”铸教育魂，接力中国梦。

以中华优秀传统文化铸民族魂，传承历史责任

中华优秀传统文化中，不乏对于幸福的诸多论述和解读。早在先秦时期，孔子、老子、庄子、孟子、墨子等就已经从不同角度对幸福观进行了阐释：老子的“知足之足，恒足矣”，是淡泊名利、顺其自然的幸福观；庄子的“与天合者，谓之天乐”，是精神顿悟、涤荡心灵的幸福观；孟子的“与民同乐”，是责任担当、心怀天下的幸福观。东汉许慎则在《说文解字》中解释：“幸，吉而免凶也；福，祐也。”古人将富贵寿考等齐备的生活状态视为幸福。

传统文化倡导幸福的人生要积极进取、奋发有为。向内要修身养性，形成仁、义、礼、智、信良好的道德品质；向外要保持兼爱的姿态，将自身幸福与他人幸福、社会福祉结合起来，为天下人的幸福而勇于担当、无私奉献。

多年来，明天集团注重优秀传统文化的渗透，顺应国家教育的发展趋势，以传统文化滋养师幼品行，在集团文化中融入幸福的文化元素，为生命发展铸魂奠基，为集团化办园树立品牌，引领集团文化内涵发展。

以“奋斗幸福观”铸教育魂，传承时代责任

习近平总书记在多个场合强调“幸福都是奋斗出来的”“奋斗本身就是一种幸福”“新时代是奋斗者的时代”。可以说，这是习近平总书记的“奋

斗幸福观”，是习近平新时代中国特色社会主义思想最简明、最通俗的表达，是对广大人民群众参与民族复兴大业、实现中国梦最有力的动员。为幸福而奋斗，在奋斗中谋幸福，是“奋斗幸福观”的逻辑支点和理论核心。

“奋斗幸福观”告诉每个人：你在参与创造伟大时代的同时，也在创造自己的美好人生。把民族复兴和个人的梦想通过奋斗紧紧连在一起，这是新时代最有温度、最有力度的动员。明天集团准确把握时代的脉搏，将个人价值与国家命脉相结合，将幸福与奋斗相结合，以教育为文化阵地、精神阵地，凝聚思想，接力“中国梦”。

“幸福文化”的延展点：提质，深化发展

在学前教育综合改革的大背景下，明天集团以打造幸福高地为目标，聚焦教育效能，提升生命品质；放眼国际视野，提升教育品质，为集团可持续发展提供动力和保证。

聚焦教育效能，提升生命品质

明天集团立足长远，以文化为根本，以创新为灵魂，紧抓课程实施的主阵地，积极推进课程改革，创新学习方式，以高效的教育教学带动生命品质的提升。

在推进“幸福文化”的过程中，明天集团注重课程改革，在借鉴当前先进教育理念和实践探索的基础上，对幸福课程理念进行整合和重构。以健康、语言、科学、艺术、社会五个领域为基本教育内容，聚焦幼儿全面发展，提升学习品质；以生成为基本形式，聚焦游戏精神，构筑有温度、有生机、有活力的富有挑战性和开放性的幼儿园课程，丰富成长体验；关注传统、体育、生态等多元化的课程元素，发挥各自优势，助力幼儿各美其美，个性张扬，以丰富完善的幸福课程体系，激发生命潜能，提升生命品质。

拓展国际视野，提升教育品质

经济的全球化，带来了文化教育的国际化、全球化发展，国际的交流互动和融合，日益成为教育界的热点话题。明天集团地处国际化发展迅速的海淀区，以开放的意识和包容的姿态拓展国际视野，打造国际化的教育窗口，不断丰富教育内涵，提升教育品质。

明天集团充分利用地域优势，推进本土与国际之间的互动学习与交流，不断地更新教育理念，助推教育事业的发展。一方面，以接纳的态度，借鉴各国先进的教育理念，尊重孩子的成长节奏，用国际意识和视野来把握和发展教育，把世界教育的优秀成果融入到教育过程中，开放思维，自我创新，走向教育的国际化。另一方面，明天集团适应世界发展的趋势，与世界教育的发展接轨，搭建教师交流学习的平台，接待专业代表团来园参观、访谈，促进明天集团与各国之间的教育交流，在互动与交融中，不断推动明天集团教育品牌化发展。

“幸福文化”中的思考与践行

要关注两个文化特征：海纳百川、参差多态。

海纳百川，在多元交互中积淀。《谏逐客书》里说：“泰山不让土壤，故能成其大；河海不择细流，故能就其深；王者不却众庶，故能明其德。”

明天集团是海淀区首家集团化办园的试点单位，在集团成立初期，就吸纳了多所幼儿园，同时尊重和吸纳各园所的文化传承，并将不同的园所特色吸收、融合、发展，融入到集团文化当中，促进集团文化不断向前发展。目前，明天集团已经有十九所幼儿园。多元化、集团化的办园模式与办园格局，以及区域开放的国际化大背景，决定了“幸福文化”必须秉持海纳百川的胸怀，以包容的态度、开放的视野，博采众长，从国外多元文化中汲取精华，打造多元共融、和谐共生的文化生态与教育生态，在多元交互中积淀精神力量与实践基础，让各园所在集团的引领下，开拓思路，拓展视野，更好地融入世界，实现优势互补，资源联通，协调发展。

参差多态，在百花齐放中发展。《西方哲学史》里说："须知参差多态，乃是幸福的本源。"中华弥足珍贵的传统文化鼓励百花齐放的文化氛围——尊重个性，机会均等，鼓励各美其美，并在此氛围中孕育了璀璨的中华文明。明天集团结合哲学与传统文化的幸福观，在文化建设中注重让不同园所文化自由发展、竞相绽放，为"幸福文化"铺就了绚丽多彩的底色，也决定了各园所在"幸福文化"引领下各自生长、各自绽放、百花齐放的发展态势。在各美其美的基础上，明天集团注重充分发挥优势园所的示范、辐射、引领作用，让各园所的文化特色和教育教学优势得以一一呈现，实现园所间的交流、沟通、学习和借鉴，把明天集团打造成一个美美与共的百花园。

认识四个辩证关系：今天与明天、内因与外因、共性与个性、民族与世界

今天与明天的辩证关系。没有努力的今天，就没有幸福的明天。习近平总书记多次强调"幸福是奋斗出来的"，明天集团深入学习和理解新时代的"奋斗幸福观"，明确认识到没有今天的奋斗，明天的幸福只是一句空话。"幸福文化"关注的不只是师幼的今天，而是放眼未来，努力培养师幼的自信心，全面提高师幼的能力，关注师幼今天的快乐和明天的幸福，实现师幼的可持续发展，为人的幸福明天打下坚实基础。

内因与外因的辩证关系。人的成长是内因与外因的共同结果。教育在注重积蓄生命内在动力的同时，也要关注以启发、引导、鼓励等外因，为人的成长提供必要的养分。明天集团立足于内因与外因的辩证关系，一方

面关注激发师幼内心的能量，以赏识、鼓舞、激励等方法，激发师幼成长的内在动力；另一方面，为师幼的成长创设温馨、和谐的幸福环境，搭建多元平台，同时给予智慧的引领与引导，使师幼在内因与外因的相互作用中幸福成长。

共性与个性的辩证关系。在幼儿园集团化、网络状发展的大背景下，从“一”到“多”的转变，不仅仅是量的增加，更是质的转型。在这个过程中，需要处理好共性与个性的关系。一方面以集团文化为引领，在愿景目标、思想理念、情感共鸣达成一致；另一方面保持各园文化建设、管理模式等的弹性，使分园在资源、环境、特色、文化等方面进一步彰显个性、传承特色、办成精品，实现多元共生，以实现明天集团整体的优质发展。

民族与世界的辩证关系。教育既要扎根本土，传承民族的，又要放眼国际，吸纳世界的。学前教育的对象是祖国的未来，更需要以多元的文化视野关注精神的传承。因此，明天集团的“幸福文化”凭借文化氛围和国际窗口的优势，着力培养传统文化素养，拓展国际视野，正确地引导和挖掘生命的潜能，为人的物质和精神世界打开广阔的空间，让每个人的天性和与生俱来的能力得到发展，让师幼全面成长。

构建四级幸福阶梯：起点、过程、动力、追求

从古至今，人们孜孜不倦地探寻着幸福的含义，演化至今，形成了人们普遍意义上的理解：幸福，是指一个人的自我价值得到满足而产生的喜悦，并希望一直保持现状的心理情绪。人们根据幸福的不同层次，划分了幸福的具体维度：满足、快乐、投入、意义。每个维度的幸福都是美好的，但是将浅层次的快乐转化为深远的满足感和持久的幸福感是一件益处更大的事情。

苏霍姆林斯基曾经说过：“教育的理想就在于使所有儿童都成为幸福的人。”幸福是人生美好的主题，是人为之追求的终极目的。而“幸福文化”

正是通过教育实现人对幸福的追求。

明天集团把幸福作为教育的终极目的，从传统文化的幸福观中汲取理念精髓，搭建四级幸福阶梯：以“满足生命需求，增强幸福感受力”为起点；以“快乐自主体验，培育幸福认知力”为过程；以“全身心积极投入，培养幸福理解力”为内生动力；以“发现自我价值，提升幸福胜任力”为追求，深入理解和挖掘“幸福文化”的内涵，让“幸福文化”如一泓涓涓细流，流入幼儿园每一位老师和幼儿的心灵。

“幸福文化”的起点：满足生命需求，增强幸福感受力

幸福，是一种自我感觉良好的情绪反应，是一种愉悦与满足状态的主观情绪。幸福源自对美好的感受力，人们透过眼睛、鼻子、耳朵、手、心灵等感受幸福，与此同时，幸福的能量也在穿透人的身心。因此，明天集团“幸福文化”的起点是增强师幼的幸福感受力，满足生命需求。

幸福虽然是一种主观的感受，但是它与客观因素密切相关。明天集团一方面创设优美大方的园所环境，营造温馨和谐的人文氛围，让师幼保持精神的放松、心理的放松；另一方面，“物有所不足，智有所不明”，明天集团在教育中注重以合适的“尺子”为抓手，扬长避短，用赏识的眼光发现每一个人的长处和亮点，给予师幼尊重与认可，让师幼体会生活中的美好，增强幸福感受力，全方位地满足师幼在情感、身体、学习、生活等方面的需求。

“幸福文化”的过程：快乐自主体验，培育幸福认知力

认知力是指主观对非主观的事物反映能力。认知力越高，反映越接近事物的本质。幸福认知力就是对幸福的认识，只有正确地认识幸福，才能够使人体验幸福的真谛。因此，明天集团打造“幸福文化”的过程就是培育师幼的幸福认知力，让他们快乐自主地体验。

明天集团在教育中尊重师幼的个性特征、性格差异、成长规律和学习特点，创设多元化、高品质的成长空间，引领师幼在尊重信任、相互认同的环境中快乐而积极地参与，自主体验，感知自我，感知他人，感知世界，认识到身体健康是福，家庭和睦是福，形成多元的幸福观，从而善待自我，善待他人，善待世界，在学习与生活中保持快乐向上的积极态度，为幸福而有意义的人生奠定基础。

“幸福文化”的内动力：全身心积极投入，培养幸福理解力

理解幸福真谛，并追求幸福生活时，一种向上的力量就会表现出来，才能形成更有力量的精神。只有让进步与发展成为人们生活中的一部分，让专注与投入变成一种对幸福的理解，才能让人生越来越升华。因此，明天集团“幸福文化”的关键在于提升师幼的幸福理解力，引领师幼全身心地积极投入、拼搏进取，收获成功体验与幸福情感。

明天集团旗下的幼儿园注重师幼的理想信念教育与精神提升，倡导将师幼的心理体验、兴趣爱好转化为对理想的追求力量。教师方面，明天集团给予教师关怀与尊重，激发教师职业荣誉感，以荣誉感坚定信念，提升道德，启发智慧，催生自律，促进教师全身心投入教育事业。幼儿方面，明天集团以爱国教育为核心，以点燃兴趣为策略，引领幼儿将幸福与理想信念相融合，激励热情，注入活力，鼓舞勇气，孕育责任，形成幼儿向上向善的动力和源泉，培育幼儿的专注与投入品质。

“幸福文化”的追求：发现自我价值，提升幸福胜任力

“幸福胜任力”是张鼎昆博士提出的概念，他定义这种能力是利于达成欣欣向荣生命状态的品格与能力。一个具有幸福胜任力的人能够转化困难，创造幸福。因此，明天集团“幸福文化”的追求是培养师幼的幸福胜任力，不仅让人在教育过程中发现自我价值获得幸福，而且要让人终生充满幸福。

明天集团在教育中不仅仅注重师幼幸福情感的培养，同时也注重培养师幼自主、自律、自爱、利他、精进的幸福胜任力。教师方面，明天集团倡导教师要在教育教学中不断提升自己的专业能力，提升自己的思想认识，让自身不断发展完善，以自己的渊博知识来教导幼儿，以自己的积极心态来感染幼儿，教育过程中传递幸福情感，创造幸福的思想和言行，找到自己的价值，提升幸福胜任力。幼儿方面，明天集团有意识地融合语言、健康、社会、科学、艺术的综合性活动，全方位影响幼儿的身心发展，促进幼儿人格完善和潜能发挥，培养幼儿获得与创造幸福的胜任力，从而促使幼儿全面健康成长。

打造幸福五场：文化场、能量场、研究场、动力场、生态场

明天集团始终以研究的态度扎根于教育一线，打造幸福五场。传承创新，以多元共生构建“幸福文化”的文化场；统筹发展，以资源协同构建“幸福文化”的能量场；学思践悟，以行动学习构建“幸福文化”的研究场；聚焦效能，以品质培养构建“幸福文化”的动力场；共情效应，以四方对话构建“幸福文化”的生态场。

传承创新，以多元共生构建“幸福文化”的文化场

“和实生物，同则不继”，只有多元性的文化，才具有强大的生命力。明天集团以开放的姿态、国际化视野，吸纳世界多元文化的精髓，打造中西合璧、古今交融的文化共同体。同时，明天集团的每个分园都受地理位置、民俗民风的影响，在文化方面都略有差异，更需要构建多元共生的文化场。在时代的大环境之中，明天集团传承中华优秀传统文化，开拓国际

视野，进行理念的创新与发展；在集团内部环境之中，明天集团传承明天精神，在“幸福文化”的引领下，创新各园的特色，实现多元化发展，形成和谐的文化场。

统筹发展，以资源协同构建“幸福文化”的能量场

生活即教育，社会即学校，生活处处有学问，是生命成长的能量场，教育要同实际生活相联系，注重培养师幼的创造性和独立工作的能力。明天集团“幸福文化”立足区域独特的资源优势，以资源协同为手段，整合生活中的自然人文资源、社会中的专家人才资源等，让教育与生活融为一体，构建“幸福文化”的能量场，为师幼成长输送源源不断的成长能量！

学思践悟，以行动学习构建“幸福文化”的研究场

明天集团深刻解读幼儿知识建构的规律，以学思践悟的理念为支撑，形成了行动学习的基本学习模式。行动学习是一种基于问题解决，以行动、反思、对话为基本思路，以“行动—觉察—反思—重构”为基本模型的学习模式。在幼儿的行动学习中，基于幼儿在情境中的操作体验，过程中的觉察，同伴间的反思和对话，在直觉动作思维和具体形象思维发展基础上来初步建构幼儿的抽象逻辑思维能力。在教师的行动学习中，明天集团倡导“让优秀成为习惯，让学习随时发生”，引导、支持、帮助教师建立终身学习、团队学习、反思学习、研究学习的理念，将行动学习作为教师转变思维方式，助推专业成长的根本动力和实现途径，构建“幸福文化”的研究场。

聚焦效能，以品质培养构建“幸福文化”的动力场

在“幸福文化”中，明天集团注重品质培养，以师幼的品质培养构建

“幸福文化”的动力场。教师方面，只有幸福的教师才能实现幸福的教育，才能培养出幸福的明天幼儿。明天集团对学习型组织进一步升华与进化，构建幸福型组织，以此作为培养幸福的教师团队的重要平台，引导教师深入理解教育的使命和意义，关注生命价值和职业价值的统一，关注人内心最需要的价值和尊严，提升教师品质素养。幼儿方面，聚焦于儿童的学习品质，创设富有挑战性、有价值，与儿童的兴趣和经验密切相关的教育课程，使他们能够在获得快乐的同时，实现自我效能感，获得满足。

共情效应，以四方对话构建“幸福文化”的生态场

通过对“幸福文化”的研究和反思，明天集团充分认识到：在幼儿园教育中，幸福儿童的培养是系统工程，幼儿和教师是主体，家长是重要合作伙伴，专家是“幸福文化”实施的重要智力资源。因此，明天集团的“幸福文化”注重共情效应，让与幼儿相关的人员都参与到“幸福文化”中，家园共育、协同合作，以儿童、教师、家长和专家对话为关键点，营造平等、开放的四方对话平台，将教师定位于引导者、合作者和支持者，家长也从被动的参与者转变为主动的策划者、实施者和支持者，构建幼儿—教师—家长—专家四位一体的生态场。

行动学习

幸福型组织建设本质上也是学习的革命。在集团化办园的综合改革中，明天集团打破传统学习偏向于书本、偏向于知识、偏向于个体的局限，将学习提升到团队建设和组织变革的层面上来考虑，将学习与实践全面结合起来，作为创新文化、锻造队伍、推动改革、提升质量的根本工具，创新地提出和践行了独具明天特色的行动学习。

明天集团的行动学习，就是认真学习和汲取圣吉提出的学习型组织建设中的“深层次组织学习循环”的本质要求，结合集团幸福型组织建设的实际需要，形成了以实现个体与团队幸福为终极目标，以解决教育实践问题为具体指向，以“行动、反思、对话”的深度循环、持续学习为主要模式，以组织学习为基本形式，以开放性的学习小组为主要学习支点，以全员参与为重要特征的明天特色行动学习模式。简言之，明天集团的行动学习既是杜威的实用教育理论“做中学”的明天实践，也是心智决定行为的嘉德MBP（行动学习的学习本质）行动模型的教育应用。它贯串于明天集团教育管理全过程，成为了明天品牌文化的重要标签之一，是明天集团事业可持续发展的重要动力因素。

将学习植根于教育实践过程中

纸上得来终觉浅，绝知此事要躬行。明天的行动学习就是针对教育实践中的具体问题引发的思考与对话。我们坚持目标导向（立德树人的根本目标）和问题导向（教育管理实践的具体问题），抓住一切教育契机来营建学习的场景，将学习贯串于教育管理实践全过程，边实践，边学习。

例如在教育督评准备和迎检工作中，我们将北京市教育督导评估作为推动幼儿园工作全面进步的重要契机，将内部督导评估与外部督导评估全面结合，加强对幼儿园的质量评价与业务引领，对标北京市学前教育督评标准，依据园所实际情况，开展了走进教育现场的行动学习系列活动，组织干部和教师在教育现场开展深入的学习和反思，引导干部和教师带着问题去反思和对话，形成以学习为连接方式、全员参与互动的园域互助体，构建了多层级的学习共同体。

又如我们将开展的每一个重大教育活动作为练兵场和学习场，引导干部和教师开展事前、事中和事后的行动学习，将PDCA管理原则的应用与行动学习充分结合起来，形成“学习—行动—再学习—再行动”的有效闭环，集结集体智慧来解决问题和创新方法。无论是奥林匹克森林公园的全员拓展，还是“爱与责任同行”的“六一”儿童节教育主题活动，还是以“爸爸，游戏吧”为主题的全国学前教育宣传月活动，都成为明天人锻炼心智、提升能力的重要平台，实现了“一个活动指向多个目标”。在大型教育活动的研磨准备过程中，我们尝试推进了晨、午、晚例会制度，以小组例会的形式引导每位教师积极沟通和反思，边实践、边研究、边提升。

再如针对招生工作、家长沟通等教育管理实践中的难题，我们成立多元化的专门学习小组，开展各层级的行动学习，先收集、汇总、整理需要集体解决的问题，引导干部和教师围绕教育难题来进行深刻的思考与对话，现场建构各种工作模拟场景，假设极端案例，通过游戏化的角色虚拟，验证集体学习形成的方法与策略，有效地解决了教育管理过程中的诸多难题。

总之，我们的行动学习，既来源于实践，也作用于实践，更是贯串于实践全过程，它既是对实践的反思与总结，又是对实践的指导与规划，更是实践本身的重要组成，在教育管理实践过程中发挥了极其重要的作用。

将学习深化于团队反思环节中

学而不思则罔，思而不学则殆。明天的行动学习是内化于心、外化于行的学习，是将内部的自我修炼与外部的幸福赋能全面结合的学习，既是促进团队专业成长的利器，更是为全体明天师生提供攀登幸福高地的阶梯。

吾日三省吾身。反思，就是自我反省。行动学习的反思，就是在学习小组同伴的支持下，开展对过往工作的自我反思。反思的起点在于找到问题，反思的重点在于分析问题，反思的难点在于解决问题。明天集团行动学习的反思环节，正是针对反思的起点、重点和难点来整合团队的力量，形成互动互助的学习和工作样态，来进行心灵的碰撞以产生集体的智慧。

我们注重反思的科学性。我们参考PDCA管理闭环的方法，创新性地提出了反思与行动之间的持续循环模型，即反思、行动、再反思、再行动，每一次反思都是行动的基础，每一次行动都是反思的对象，将反思渗透至行动的全过程中，避免出现“生活的悲哀之处在于，我们总是老得太快而又聪明得太慢”这种情况。行动学习的反思重建了明天人的思维模式，将静态思维转变为动态思维，建立“我是一切问题的根源”的理念，培养时时观察自我、剖析自我的能力，引导干部和教师净化了心灵，蓄积了幸福能量。

我们注重反思的全面性。我们大力倡导“六镜意识”，为干部和教师提供进行反思的工具方法，即：放大镜，悟收获；显微镜，找问题；望远镜，重规划；广角镜，拓思路；平面镜，识差距；后视镜，促提升。重点在于引导干部和教师拓宽视野，求深、求细地认识工作和认识自我，在教育实践过程中来查找问题，分析原因，规划方法和创新策略，从而促进工作品质的不断提升。

我们注重反思的整合性。我们引导干部和教师学会接纳不同观点，并且能够从中找出最优的解决方案，本质上就是将明天集团倡导的“精、细、实”管理理念入心、入脑，即管理方法上追求精，管理流程上追求细，管理效果上追求实。针对同一个问题，我们会引导教师从不同的角度得出不同的结论，然后比较不同结论间的优劣得失来进行判断和选择，实际上是培养整合性的思维模式，提高各要素的逻辑整合能力，也提高对各种问题的分析和解决能力。

从转变教师思维模式的角度出发，反思是行动学习的核心环节，它是幸福组织建设中转变组织成员心智模式的根本实现途径，也是提高教师专业能力的重要依托，是明天集团的行动学习相对于传统学习的重要区分点。

将学习升华于交互对话情境中

孔子曰：“知之者不如好之者，好之者不如乐之者。”这句话充分解释了学习的三个境界：知、好、乐。快乐学习是人类几千年来的追求与梦想，而快乐学习的关键在于要化被动学习为主动学习。如何激发人主动学习？那就要符合人的内心的价值需要。无论是社会归属感、尊重、自我实现的各层次需求，或者从赫茨伯格的保健激励双因素理论而言，均是强调了人需求的复杂性和多层次性。而学习要能成为快乐学习，必须就要契合人的复杂需求。

明天集团行动学习的独特之处，是在幸福型组织建设的载体上，营建了开放、积极、和谐的文化氛围和对话学习情境，将个体学习转化为社会的团队学习，让学习从独立个体的自我反思转化为群体的互动支持，让组织成员从学习中就能获得社会归属、尊重和自我实现的价值，增加每个明天人的幸福获得感，让每个人都愿意学习，喜欢学习，将学习作为最大的福利，作为其自身的需要，从而成为“乐之者”。

我们营建明天特色的师法友平台，在行动学习过程中倡导开放、交互和对话模式，创新了对话学习的明天方法。在师的层面，我们提倡寻找生命导师，三人行必有我师，以书为师、以史为师、以事为师、以物为师；在法的层面，我们提倡焦点向内，做好自己的根本方法，为学日益、为道日损的个人成长方法，互相帮助、互相督促的团队成长方法，线上、线下研讨、分享、教练的浸泡式学习法，能力提升、形成事上练的方法；在友的层面，我们倡导形成共同学习伙伴，携手同行，互为镜子、互相砥砺、互相督促、互相帮助，共同切磋，快乐学习，反思分享，坦诚交流。

我们延伸拓展了对话学习的形式和范围，在学习小组研讨对话之外，我们充分利用集团化办园的优势，不局限于某个特定学习小组的研讨，建构了更加开放的行动学习场，例如开展了全体教职工积极参与的“幸福明天”的系列征文活动，引导教职工撰写和推送《幸福日记》，各园组织了深入人心的幸福型组织研讨活动，引导全体教职工用教育实践来凝聚和传播心灵之力，提高幸福觉察力，增强了明天人反思、践行和体验的幸福胜任力，充分发挥了行动学习的效果。

我们用文化建设夯实了对话学习的基础。对话学习的前提在于每位教职工都能放下包袱，敞开心扉，畅所欲言，各抒己见。这就要求提升每个人的思想境界，打破心灵间因自我保护等诸多因素而出现的固有壁垒，即俗称的破冰。明天集团的破冰之旅，实际就是全面文化管理的实施过程，就是幸福型组织的建设过程。我们开展了品牌文化建设工程、领航工程、国学讲堂、团队拓展等系列培训培养活动，通过传统文化中的真、善、美等优秀元素和普世价值来滋润心灵，提升心境，通过教育初心的夯实与固化来坚定教育信念和信仰，通过领导带头、小组结对、团队互助来拉近全体明天人的心理距离，让大家更加坦诚相待、互帮互助。从这个意义上讲，行动学习就是明天集团全面文化管理、幸福型组织建设的重要工具方法，反之，明天集团的“幸福文化”又为行动学习的推广提供了必要的文化基础。

对话学习是通过团队学习、沟通的方式来探讨研究对象，它既是知识经验的共享，更是团队的互动沟通，它尊重多元的个体认知，营建了多层级的学习共同体，既让每个成员都实现认知和能力的增长，也让每个人收获更多的价值感和获得感，从而符合人的本身需要，实现从学习快乐发展到快乐学习，使学习成为幸福本身，进而提高明天人的幸福胜任力。

科学精神的幸福

幸福是目标，是理想，是明天集团想要实现的“三个高地”之一，在这个意义上，幸福是精神层面的高远追求。但是精神价值的高远追求必须由实践来实现，明天人找到了一个重要的幸福工具方法，就是学习和实践的PDCA，将理论与实践全面结合，形成螺旋形上升的闭环，将明天人习得各种思维的、学习的、工作的、生活的科学工具方法应用于追寻幸福的道路上，增强每一个明天人的幸福胜任力。

幸福胜任力是实现人生幸福价值的能力，主要包括内心的修炼与能力的提升，让人能够在学习、工作、生活中体验到价值的满足。从明天集团的组织文化来说，主要是指组织的归属、爱和尊重、自我价值的实现等。

幸福工具是以PDCA为基础的现代工具体系，包括PDCA、七问分析法、共好、六顶帽子、例行管理、幸福人生的七个习惯、能量场论、思维导图、战略蓝图、行动地图、甘特图等，各种管理工具为明天人提供了幸福的抓手。

让学习随时发生，让优秀成为习惯。我们将学习作为示范办园、锻造团队、提升质量的重要方法，将其作为全面文化管理及幸福型组织建设的重要工具，推动了明天集团终身学习文化的形成和发展，凝结成了“事上练、心上修、做中悟、思中成”的明天集团团队特色成长阶梯，有效地解决了学习与实践的矛盾，促进了全体明天人在学习工作上的主动性、积极性和创造性，有效推动了办园质量的提升和品牌文化的建设。

第六章　看得见的幸福

明天集团幸福型组织建设的蓝图是全体明天人共同描绘出来的，不是一个人的事情，也不是几个人的事情，是全体员工都参与其中且持之以恒的结果。这种幸福是日积月累，是从量变到质变，是能够看得见摸得着的。一个个细微的故事组成了明天集团的史诗。全体明天人坚持立德树人的根本目标，沿着“传承、创新、超越”的整体思路，构筑打造了“教育高地、文化高地、幸福高地”的教育梦想，培育和践行了“求真、立美、至善”的集团文化，确立了文化发展的核心战略，围绕幸福教育视域下集团化办园综合改革的主线，创新了集团化办园的全面文化管理模式，将幸福型组织建设作为文化管理的重要载体，通过文化创新来打造高效的教育团队，推动了幼儿园工作质量的全面提升，促进了幼儿的全面发展，取得了突出的工作成效。本章将从不同侧面展示明天集团近年来幸福型组织建设的成效。

孩子的快乐成长是第一要务

“看待儿童其实就是看待可能性，一个正在成长过程中的人”，当下的儿童研究与儿童教育中有两种现象值得大家关注，一种是儿童教育焦虑，一种是童年成长危机。这其中，儿童教育焦虑可概括为：学习焦虑——立竿见影式教育带来“速成式学习”、规划焦虑、比拼焦虑。这样的成长焦虑必然影响完整的儿童成长。虽然这段话谈的是儿童，但目前的幼儿教育也确实受到了这样的困扰，许多家长都抱着“不让孩子输在起跑线上”的教育信条，让幼儿的学习带有强烈的成年人色彩与印记。这对于身处其中的幼儿，可谓一场人生的灾难。当下幼儿处在一个不断变化的环境和多重关怀中，也处在多元文化的包围和新技术的裹挟里，需要我们审时度势，从幼儿的“原点”出发，从了解幼儿学习元认知开始，尊重幼儿的情感，掌握幼儿的最近发展区，明白让幼儿健康快乐地成长才是学前教育者的第一要务。

明天集团自进行幸福型组织建设以来，便一直致力于幸福课程的研究与渗透，“幸福教育视域下幼儿园综合改革实践研究”获批北京市教育科学“十三五”规划课题，同时获批中国学前教育研究会“十三五”滚动立项课题。为保证课题研究的可行性和实效性，课题组成员进行反复论证，进行开题报告的撰写与修改工作，并于2018年9月21日顺利召开开题论证会。会上，专家对此课题给予了高度的肯定和评价，同时针对具体实践研究提出了切实可行的策略和方法，为我们全面深入开展课题研究打下了良好的基础。下面让我们从幼儿和家长的视角来看一看明天集团里的幸福故事。

程果小朋友的故事：我长大啦！

文/程果家长

时光荏苒，岁月匆匆，果果在明天集团第一幼儿园已经度过两年了！从入学第一天的兴奋，到第一周哭哭啼啼不愿意离开妈妈，不愿意午睡，不愿意被老师“要求”，再到后来主动早起和老师一起在幼儿园门口迎接小朋友，中午可以午睡，懂得和小朋友分享，懂得保护小朋友，懂得疼爱家人……果果真的长大了，这一切都感谢明天集团第一幼儿园，感谢这里所有的老师：大吴老师、大张老师、小张老师、小吴老师、王老师、萌萌老师，还有园长等其他可爱的老师，是你们营造了这么好的环境，精心安排了课程内容，组织操办了节日期间的各项有意义的活动，让果果开心快乐地成长，并学到了很多本领！感谢有你，感恩相伴！

贾梓涵小朋友的故事：我逆袭啦！

文/贾梓涵家长

我叫贾梓涵，进入幼儿园已经快一年的时间了，现在让我来告诉你我是如何“七十二变”的吧！

刚入园的时候，老师带着我们做游戏、做手工、唱歌、跳舞，还分享美味的食物，我的心里乐开了花。可是很快，分离焦虑就冲淡了初次相遇的喜悦，我开始每天“以泪洗面”，生活变得无比暗淡。可是，我用尽了各种招数，还是没能动摇妈妈的决心和老师的耐心，只好接受并适应现实。我开始认真对待每一件幼儿园里的事情，我越来越喜欢这里。

每天早上，我都早早地来到幼儿园参加锻炼、帮助老师摆圈儿，晚上带着满满的收获和家人分享。我告诉妈妈幼儿园里每个小朋友的特点；我遇到了什么困难，自己是怎么解决的。从妈妈赞许的眼神里，我知道自己长大了。

也许你会说我的成长故事和其他小朋友的一样呀，但是对于我来说，它是特别的，是我一步一个脚印走过来的，是印在我的心坎上、记忆里的。感谢我的爸爸妈妈和亲爱的老师，是你们陪伴我长大。

马若茜小朋友的故事：我懂事啦！

文/马若茜家长

我就要上幼儿园了！在开学前，我对幼儿园生活充满了期待，可自从妈妈带我去幼儿园以后，我发现这里的一切都是陌生的，小朋友和老师我之前都没有见过，还得自己吃饭，自己穿衣服，自己喝水……我好想回家，我不想上幼儿园了！

在接下来的很长一段时间里，我都是哭着上幼儿园的，但其实在我心里已经逐渐接受幼儿园了，只是有时候控制不住眼泪。我是一个慢热型的小孩儿，接受陌生的东西需要比其他小朋友多花些时间。在幼儿园，老师对我很有耐心，总是告诉我上学时要开开心心的，即使我有时候会任性，会犯错误，老师也一直对我特别好，比妈妈对我都要有耐心。

渐渐地，我真的喜欢上了幼儿园的生活，我还特别喜欢班里的老师们。我会在美工区为老师们画画，会在老师们累了的时候，主动为她们搬凳子。老师们都说我长大了，懂事了。其实我并不知道该怎么表达对她们的喜欢，有时候可能就是喜欢听她们温柔的声音，或是看着她们和蔼的眼神，再或是紧紧抱着她们的脖子不想松手。我觉得她们跟我妈妈一样，可以在她们的怀里撒娇，让她们陪伴我幸福成长。

提高教师的整体素质

明天集团持续推进四支队伍的建设，坚持师德为先，借助“中国好老师”行动项目的平台，创新队伍建设的工具方法，尤其是应用有集团特色的行动学习工具方法，坚持幸福胜任力的培养与提升，推动干部和教师团队综合素质的不断提高。

进一步加强了干部队伍建设。明天集团坚持严管就是厚爱的原则，组织全体中层干部认真学习《重大事项请示报告制度》，制定了《北京明天幼稚集团重大事项请示报告制度（试行）》，进一步完善制定并下发了《关于疫情常态下进一步规范干部管理的通知》，加强了干部的动态化管理，重视干部月度考核，将疫情防控等重要内容纳入干部考核体系，依据上级部署，组织开展了干部民主测评，充分应用测评结果来助推干部团队的建设，加强了干部的培训、培养，组织新任执行园长参加园长岗位资格培训班，组织副校级干部参加副校级网络研修班并全部结业，有力地改善了干部结构，提高了干部队伍素质。

进一步加强了干部和教师团队的师德建设。明天集团将师德建设作为队伍建设的首位，明晰选人用人标准，强化师德责任制和一票否决制，定期开展师德主题教育活动。在疫情常态化防控的背景下，明天集团充分利用“互联网+”平台，开展了开学返园第一课的重要活动，提供爱国主义教育课程和资源，形成线上线下一体化的教育模式。把抗击疫情作为爱国主义教育的生动教材，优化教育内容和教育方式，用中国抗疫故事教育引导全体教职工，着眼于强基础、强队伍的工作责任，强化了教育初心，提高了教育信念，提升了团队的师德水平。

进一步加强了对教师的专业培养。一是组织教师参加各类专业学习，例如按照教育督评的要求，邀请市区专家开展督评标准解读的专题培训，提高干部和教师对督评工作的认识与理解。二是按照继续教育工作的要求，认真落实继续教育工作任务。例如组织新任教师参加线上讲座培训、网络学习、工作坊活动等，帮助新任教师提高岗位胜任力。又如组织公共知识培训，提高了教师团队的综合素质。三是在教育实践过程中，通过行动学习的应用，引导教师提高工作的精、细、实水平，从而助推了专业水平的不断提升。

进一步加强了骨干教师的培训、培养。一是加强骨干教师的培训工作，例如组织业务干部、教师参加海淀区教师进修学校举办的各类培训，组织教师参与幼儿园集体体育教学展评活动，强化了骨干教师培训体系的完善。二是加强了骨干教师的考核与管理，将重要教育观摩展示活动的参与情况纳入骨干教师的考核内容，通过给任务、压担子来力促骨干教师的自我成长。三是注意发挥骨干教师的作用，引导骨干教师与青年教师结对子，形成传、帮、带的关系，帮助青年教师迅速成长，发挥骨干教师的示范引领作用。

进一步落实了集团人才发展战略，按照以德为先、德才兼备的要求把好人才入口关，切实研究集团发展需要，完善了实习基地的管理，做好了大学生公招、校园招聘、社招等重点工作，启动了特岗人才储备库的建设工作，充分发挥了人才公寓的保障作用，完成了职评后的相关工作，安排了优秀教师援疆和支教，为教师专业成长搭建了平台，为集团事业发展储备了人才。

经过近几年的幸福型组织建设，老师们也切身感受到了自己的成长与变化，他们用文字将这些一一记录了下来……

做有担当的明天人

文/赵菁

二十七年前，我是幼师专业一年级的学生，在第一次班会上，老师让我们说理想，我是班里唯一一个说想当园长的，同学们都说我太有胆量了。二十四年前，我意外进入了明天集团，那个时候年轻的我觉得有用不完的力量和勇气，转正后一年就成为当时园里最年轻的班长，我觉得离梦想迈进了一大步。直到有一天，园里在操场上开全园家长会，散会后很多家长围在园长的身边不停地询问他们关心的问题，园长疲惫但是耐心地回答着。我站在二楼的窗前，看着操场上发生的一切，心里的感觉很不好受：园长要面对这么复杂的难题，要不我还是过安逸点儿的生活吧。那是我第一次决定放弃曾经的理想，不想挑起那么沉重的担子，即使那只是个想法，我都不愿意。

又过了几年，当时明天集团面向全体教师发出了竞聘园长、副园长的消息，看到这个消息我想都没想就忽略了，因为我不想考虑那个让我觉得有负担的位置，更不想离开我的舒适圈去面对未知的责任和压力。

时间转瞬来到了2016年的6月，那时雷海环总院长来到集团已经整一个学期。一天上午，一通电话将我临时借调到总部，当时我心里只有两个字：忐忑。因为我不知道我具体可以做什么工作。在跟随后勤部门的老师工作了一段时间后，很快，总院长和我谈话，建议我考虑一下后勤工作，我认真剖析了自己种种的不良习惯和弱点。终于，总院长说："行，你的意思我明白了，我会考虑的。"当时我内心活动很复杂：我又一次舍弃了放在我面前的机会，这次是因为知道自己的能力不足。

次日，我迎来了和总院长的第二次谈话，这次总院长没有让我去后勤部门，而是去二幼双榆树园做保教干事。保教干事，那还是要负责任、管事情呀，我内心还是有些拒绝。总院长用睿智的目光打量我几秒钟，慢慢开口说："赵菁，你很聪明，但是你不够有智慧。我相信你会尽力，但是你没有责任感。你一个人努力好好干活，只能把你手头的工作做好。故步自封，不愿意离开自己熟悉的环境、跳出舒适圈，那就是贪图安逸。教育就是一份责任，需要的是有担当的人。你是我回到集团以后第一个从一线提拔起来的人，我希望你有责任、有担当，能带动更多的老师。能力是可以培养的，没有人天生就会管理，就看你想不想，有没有这个担当的勇气。"这番话对我的触动很大，因为我这次要考虑担负一个幼儿园发展的问题了，尽管是副手，但是责任同样重大。就这样，我迈着沉重的步伐走进了二幼，这次我不能再逃避放在我面前的责任，如果我永远守在自己的舒适圈里，和那些混日子等退休的人又有什么区别呢。

在二幼锻炼的一年里，我很努力地让自己成为一个有担当的人：从策划开始，园长手把手教我，我再拉着老师们一点一点地把想法变成现实；从没主管过督导检查，我就寸步不离地跟在园长后面看她怎么做，然后学着她的方式去一点点落实……我的想法就是不辜负集团给我的机会。

一年后我回到了一幼。重回这里后，我感觉每天就像陀螺一样不停地旋转，大大小小的活动一个接着一个，原本就是一知半解，这下子变成了懵懵懂懂。在园长的引领、行政人员的协助和老师们的支持下，我跌跌撞撞地完成了一项项工作。这时候我真的感觉到:“担当”这个词太不轻松了，我可能要改变自己的性格和习惯，要顶住很多的心理压力和不适去完成自己的任务。我不能后退、不能沮丧，要给身边每一个人最阳光的笑脸和积极的回应，因为我既然选择了担当，就是选择了对更多的人负责，带领全体老师不断地前进就是我的使命。

如果说到担当，我还有一位很重要的老师，那就是我们的园长，从她工作的点点滴滴中我更加明白了担当不光是组织活动、迎接任务这么简单。

成为管理者后，我最茫然不知所措的一段时间就是在2017年11月的“一带一路”接待工作期间，不仅仅是时间紧、任务重，关键是园长要去新疆支教，我们的主心骨没有了，这个活应该怎么干？集团的保教部门及时抽调了很多副园长和老师来支援每一个班的工作，给了我们很大的援助，但这依然不能安抚我内心的慌乱。幸好，每晚我都会接到来自园长的电话或是语音通话，短则十多分钟，多则一个多小时，问我工作的进度、调整的内容，然后告诉我第二天重点做什么事情、拍什么照片。白天工作时，我偶尔还能收到园长的微信，问我节目排练得如何，服装是不是到位了。有时候网络信号差，她就在下课后的间隙跑到寒冷的户外，一条一条地跟进我们的工作和进度。即使她在那么远的地方，全天奔波在各个学校和幼儿园里，但是园里的工作她始终放在心上。在集团领导视察的前一天晚上，园长和我通了一个半小时的电话，详细地把她对每个环节、每个游戏活动的理解，怎么对接集团文化、园所特色，一遍遍、一处处地说给我听，我恍惚觉得她就好像每天看着园所环境的变化一样，对每一个角落都非常熟悉和了解。在全体教师的精诚合作和园长把控全局的统筹安排下，我们的接待工作非常成功。那时，我认为担当就是这样了，能打硬仗，能完成一件件艰苦卓绝的任务。

在与园长共同工作的时光里，有关担当的故事时时发生，但直到有一天我听到了总院长的一段话，对担当有了更加清晰的认识。那是园里综合修缮工程的前期，总院长在开会的间隙和我们聊天。像聊家常一样，她开玩笑说："这几天我心情特别复杂，一下子签了一百多份责任书，集团有两个园要综合修缮，好几个园要不同程度地修缮，等于同时进行一百多个工程。我是负责人，不论哪个环节出了事我都得负责，而且还是终身负责，就算我退休，工程出问题也是我的责任。即使这样，我也得签，只要每个幼儿园条件改善了，咱们集团发展得好了，就是值得的，我该负的责任就不能有二话。"我想看到这段话，很多老师都能在脑海里想象出总院长挥手之间掷地有声的神态。从总院长身上，我明白了到底什么是有担当：包容一切并对其负责。有容乃大，无欲则刚，因为没有任何个人的欲望和利益之心，心里只想着自己的责任和使命，为热爱的事业竭尽全力，即使是逆境，也能坦然面对，无愧于心，所以总院长才能放下全部的个人得失带着一个又一个团队获得成功。

其实不仅是总院长、园长，上到明天集团各部门成员，下到我们身边很多勇于承担责任的老师，在"求真、立美、至善"的文化引领下，担当已经成为明天集团的一个关键词。在舰队式发展的今天，我们每个人都要挑起担当的大旗。行政干部如航母上的指挥塔，把握着前进的方向；骨干教师如航母上的飞行战队，是我们高水平作战能力的代表；经验型教师如飞行甲板，保证了战队的作战质量；成长期教师如动力系统，为航母的快速前进不停蓄力；而所有保育员和后勤人员就如航母的下层船舱，保证着这巨大的海上巨甲行稳致远，勇往直前。

使命重在担当，实干铸就辉煌。在其位，谋其政，干其事，求其效。有责任之明天人，有担当之明天人，让我们共同书写属于明天舰队的奋进篇章。

走出舒适区，遇见大成长

文/刘杏湄

“求真、立美、至善”是明天集团的文化之源，作为明天人不仅要了解集团的文化，更要把集团的文化落实到一日生活中。作为一名成长期教师，我走的每一步都扎根于明天集团的沃土上。

身边榜样，前行力量。来到明天集团的两年里，我深深感受到了集团的正能量，也感受到了职业的幸福。我们的每一次活动、每一次成长与成功都离不开雷海环总院长的高位引领与支持，她为我们搭建平台，让我们在每一次的大型活动中不断提升自己，展示自己。在我初进明天集团之时，就感受到了一幼人的热情。每天清晨，老师们遇到我都会热情地问好，园内的临时工作人员也会亲切地与我打招呼。在实习期间，我抓住每一个机会不断向老师们学习，在工作中遇到问题老师们都能给予解答，并亲自演示。回到家后，我将一周所学所感写了出来，并且将保育的一日流程用笔记的方式顺了下来，趁业余时间捋清、捋顺，边反思边实践，不懂就问，逐渐掌握了保育员的工作流程。这段经历帮助了我成长，在后来每当有实习生来我班实习的时候，我都会亲手为他们写出一日流程，并帮助他们捋顺。手写是为了继续加深自己的业务水平，同时也是想激励实习生认真对待工作，感受到明天人的匠人精神。

走出舒适区，才能有成长。渴望优秀，是一个人前进的最大动力。多少次，惊喜也许就在下一秒到来，我们却裹足不前；多少次，成绩明明还能更上一层楼，我们却难以逾越。这不是因为我们不够强大，而是我们将心智置于无欲无求的舒适区，无法遇到那个更强大的自己。

我很荣幸在“四有教师”评选工作中得到提名，这无疑是对我工作的肯定，更是对我未来工作的鞭策。对于我来说，这两年是快速蜕变的两年，在成长的路上我没有停滞不前享受成果。本学期我从事教学工作，在一学期的实践中我不仅在带班能力上有了提升，在与家长沟通方面也有了进步，现在的我还能辅助班长进行一些家园工作。本学期班里转来了一名插班幼儿，这名幼儿过于焦虑，每天哭着入园，不愿与任何人亲近，总是躲在一个角落小声抽泣，为此我请教了班长及经验丰富的老师，希望从他们身上汲取经验。在经过多次询问后，我做了一个详尽的培养计划，在一段时间的引导和不断的调整下，这名幼儿已经逐渐开始信任我，主动和我交朋友。我深深地知道这只是个开始，因为我的最终目的是让幼儿融入集体，所以我给予他更多和其他幼儿亲近的机会。最终这名幼儿摆脱了焦虑，融入了集体。这次经历虽然曾让我很苦恼，中间也经历了委屈与退缩，但是当我突破自己之后，它就是我最宝贵的财富，为此我针对插班生问题整理思路写了一篇文章——《浅谈插班生焦虑的个案与分析》，希望这篇文章不仅是我成长路程的笔记，还可以帮助更多的人。

在做好本职工作后，我还会尽自己所长，积极承担园内任务。我在高中时接触了视频制作，没想到在工作岗位上这个技能竟然成为了我的长处。一开始我接到制作视频的任务时，心里很忐忑：我能做出有品质的视频吗？我手忙脚乱，不知从何下手，只好去网上查询，看一步，学一步。虽然在操作上慢慢有了熟练度，但我心理压力大，制作的效果很差。我一遍遍地修改，失落感几乎到达了顶点，开始质疑自己。就在我纠结要不要放弃的时候，园长的一句话就像一盏指路明灯一样，重新点燃了我的信心：“别着急，你可以尝试这样做，效果会更好！”园长亲自指导了我，其他老师知道我需要素材，也立刻放下手里的工作来帮助我，并且给予我鼓励。这时候，我发现我们是一个团队，我们是一家人，我不是一个人在战斗。每当我有困难的时候，一定会有家人伸出援手来帮我，正是有了家人们的帮助，才有了我现在的成长——我已经可以同时制作、调整两个视频。

制作视频有时会占用自己的业余时间，每当这时，如果看到同龄人在逛街或玩耍，我难免会有些羡慕。但是一想到老师们、孩子们、家长们在观看视频时那种目不转睛的样子，这些感觉瞬间都烟消云散，只剩下满满的欣慰和成就感。

感恩明天，感恩一幼，感恩同事，感恩幼儿。正是你们的帮助，让我感到温暖，更有了前行的力量，不断地在工作中成长。在这充满正能量的团队中工作与生活，我感到无比的幸福。我知道自己离“四有教师”的标准还差得远，所以我会不断提升自己的专业水平，充实自己的理论知识，多向有经验的老师学习，时常反思自己在工作中的优势与不足，在实践、探索、反复尝试中不断提升自己。

我的幸福成长日记

文/李晓玲

成长是一条路，它能带领幼稚走向成熟；成长是一条路，它能带领天真走向沉着；成长是一条路，它能经历风雨，也能看见彩虹；成长是一条路，感悟悲伤，品味幸福。

明天集团以“求真、立美、至善”的文化底蕴浸润着每个明天人，以打造幸福型组织、建设幸福型团队感召着每个明天人，以“结对子、搭平台、铺路子”促进新教师成长，我就是今天的主人公，讲述着新教师在明天集团的幸福成长。

镜头一：走近孩子

今天小一班的保育员开家长会，作为最佳补位人员，我顺利上岗了，每次替班总是特别开心，既源于幼儿的天真烂漫，也源于教育实践的重建与反思，更源于教师专业成长的淬炼与提升。

谁爱孩子，孩子就会爱他，只有用爱才能教育孩子，每一个孩子都有不同的特点，教育引导也要趋利避害、因势利导，走进他们的心灵，开启那扇属于他们的“古怪行为之门”。

教育实践中常常会遇到调皮的孩子，圆圆就是其中之一，每次清晨入园和晚上离园，晨操和间操时，都能看到一个调皮的身影与老师或家长周旋，必须经过几轮“三方论坛”他才能乖乖听话。有一次下午我接班时，沈老师牵着圆圆的手，正准备交接给我，他一下躲到了实习生于老师的身后，开启了“调皮模式”。其实，他责任感很强，善于发现小朋友的优缺点，比如谁做得好，谁做得不好等，但是稳定性、专注力较弱。于是我轻轻地对圆圆说：“你看看哪个小朋友做得好，你去表扬他一下，但是你也要做好小榜样。”这个方法很奏效，圆圆不仅自己表现好了，也带动了其他小朋友，而且“蝴蝶效应”影响竟然如此之大，他开始主动牵着我的手，并且一直表现良好。

这种好的表现一直持续到吃晚饭，我一直给他鼓励的眼神和肯定的语气，他吃完饭还主动找到我：“李老师，您看，我吃完了。”我继续肯定：“真棒，你再把桌面收拾一下就更好啦！”他照做了。直到离园时，他还牵着我的手说：“李老师，不要走！”我不知是因为感动还是不知所措，竟差点忘了回应他。依依惜别后，我听到他跟妈妈说：“你知道我今天为什么表现好吗？因为我喜欢李老师！”我心头又是一暖，对我来说最有价值的话就是这句：“我喜欢李老师。”

积极地肯定与回应孩子，足够地爱护与陪伴孩子，充分地信任与关怀孩子，才能更好地走近孩子，教育与引导他们，开启他们的心灵之窗。

镜头二：孩子是最好的老师

常言道：兴趣是最好的老师。但是对于幼儿园老师来说，孩子也是最好的老师，他们不是传道授业解惑，而是在教育教学上给予我们启发和收获。

魔尺变球，因势利导。半年来，我跟大一班的孩子接触最多，交流最多，受到的启发也最多。最近，连续几天中午都看到亮亮在外面收拾玩具时，经常停下来玩魔尺，一会儿变一个球，一会儿拆一个球，相当娴熟。面对如此聪明而又缺少专注力的孩子，我也是心有余而力不足，害怕经验不足而引导不到位。但是我深知这种边玩边做事的方法不可取，于是尝试着问了一下："你会用魔尺变球呀？可以教我吗？"这句话引起了他的注意，他兴奋地说："可以呀！"这种爽快劲儿可跟刚才截然相反。我说："你得先快速把手头的玩具收拾好，然后再教我哦！"亮亮用了不到五分钟就干完了之前二十分钟都没有完成的活儿，专注地开始教我变魔尺。其间我也不忘初衷，旁敲侧击："你以后也要快速专注做好一件事情，然后留出时间教老师，或者是去做其他你喜欢的事情，可以吗？"亮亮专注地点头答应。这之后，连续几天我都如约向亮亮学习，而他也逐渐学会了专注做一件事情，完成了正向迁移。

这次"求学经历"给了我很大启发，我很高兴能为孩子养成好习惯添砖加瓦，同时也慢慢反思自己的教育方式。孩子是最好的老师，他们的行动和变化都折射着不同的教育契合点，感谢他们的启发，我会继续观察亮亮的变化。

镜头三："出门"的成长

《礼记·学记》有云："独学而无友，则孤陋而寡闻。"从空军直属机关蓝天幼儿园小礼堂走出后，我的感触尤为深刻，要汲取姊妹园所优秀教师的长处，也要反思自身业务水平的不足。

蓦然回首，来到明天集团已经有一年多了，但是“出门”学习，这可真是头一次。面对优秀园所的优秀教师，我除了自惭形秽，更有了撸起袖子加油干的劲头。今天观摩的早教活动，从活动组织、开展到家长沙龙都亮点频现，值得汲取和借鉴，比如：充分利用家长的肢体创造亲子交流机会、提高幼儿技能；充分利用家长沙龙，找问题、摆观点、提对策。专家点评的一句话很耐人寻味：“家长的优秀，在于教师的引领。”作为教师，只有提升自身的专业水平和能力，才能更好地服务家长和幼儿。

我喜欢读书，遇到问题喜欢从对应的书中找，所以一度我经常看社科类的书，又一度经常看工具类的书，不过很多时候书中知识并不完全适用于实践，有时候会有“读书无用”的观念产生。但是今天的沙龙又给了我一种新的观点，“读书的目的不只是学东西，也是为了培养一种习惯”，这与“书读百遍，其义自见”也是相得益彰的。

针对自己的短板，一方面要多读书、读好书，扩充专业知识；另一方面要多拜师、勤请教，提升业务水平；最后要多“出门”、广交“友”，不断交流提升，坚持集腋成裘，聚沙成塔。

总之，这一年来，经历了“浓浓书生气”的蜕变，历经了“小荷才露尖尖角”的成长，在明天集团的大家庭里，走近孩子，源于实践，在点滴学习和积累中提高了自身的业务能力、专业素质，锤炼了良好的师德素养和坚忍品格，让我离一名合格的幼师又近了一步。在今后的工作中，我将继续夯实自身素质，抓住机遇，以“中国好老师”为榜样，以“百尺竿头更进一步”的精神，朝着专业型、创新型、研究型的教师不断努力。

稳步提升中的幼儿园

明天集团认真落实《幼儿园教育指导纲要（试行）》和《3~6岁儿童学习与发展指南》，共筑“教育高地、文化高地、幸福高地”的共同愿景，践行“求真、立美、至善”的集团文化，坚持“固本强基、守正铸魂、挖掘特色、深谋发展、精创品牌”，形成了直线职能式与矩阵式相结合的组织管理体系，实现了总部与幼儿的职能优化。总部已经成为规划协调中心、教育科研中心、资源配置中心、支持服务中心和品牌宣传中心，更好地发挥了集团化管理在教育发展中的优势作用；幼儿园则成了教育实践中心、社会服务中心和价值实现中心，成为了辐射明天文化、展现教育品质的窗口。

明天集团先后荣获了“全国三八红旗集体”“北京市辛勤育苗学前教育先进集体”“北京市工人先锋号”“北京市基础教育科研先进学校”“国际生态学校”“北京市优秀团支部”“北京市五四红旗团支部”“北京市青年文明号”“海淀区好老师行动计划项目校”“海淀区模范职工之家”等数十项荣誉称号。在海淀区教育督导、党建巡视中获得了优异成绩，多次与来自国外的幼教工作者开展国际教育交流；成功承办了教育部的“全国学前教育宣传月”活动和“一带一路”教育高端论坛等重要活动。明天集团的知名度和美誉度不断提升、家长的满意度不断提高，各幼儿园也充分发挥了区域示范作用。

明天集团在近年的发展中不断担当社会责任，先后与中共中央对外联合部、北京市怀柔区政府合作办园，成立了北京中外友好幼儿院、北京明天幼稚集团怀柔分园，将集团的全面文化管理理念辐射至更多的角落，让

“幸福文化”在更多的老师和孩子心中生根发芽。

行为文化，彰显内涵。明天集团将传统媒体与新媒体相结合，加强了文化品牌宣传工作。明天集团注重新媒体的建设，不断提高微信公众号的运行质量，目前关注人数突破了2.5万人；创新了党建和教育栏目，整合总部各职能部门的优势资源，提高原创文章的推送数量、质量，传播了集团的教育新形象；完成了定位于“体现民族性，融教育、文化、艺术于一体的国际化幼教品牌”的集团新网站建设，通过网站来弘扬明天理念，传播明天文化，彰显明天教育品质；坚持学习是追求幸福的重要途径，从总部到幼儿园、到班级等各个层级建立了学习共同体，致力于培养明天人终身学习的理念，定期组织行政教研和集体分享，引导教职工自觉学习、自愿学习。

环境文化，育人无形。明天集团注重环境文化的建设，让明天文化的核心价值体现在环境建设中，突出环境的熏陶、教育和宣传作用，通过物化环境来展示明天集团的精神实质，将意识形态与物质形态有机结合，丰富文化的物质载体，注重视觉文化的创新，加深各幼儿园的文化底蕴，提升各幼儿园的品牌文化形象，为办园品质的提升奠定了文化基础。

教育文化，幸福人生。对于集团化办园而言，精神的传承与创新、物质的优化与创造、行为的规范与超越、制度的完善与落实是支撑优质教育的四梁八柱。精神、行为、物质和制度四个层面的文化最终以教育文化的形式来呈现和固化，并最终发挥文化对教育发展的促进作用。在明天集团的教育文化创建中，科研、督导、课程、特色、常规成为了文化绽放的关键词，成为了明天教育综合改革的重要组成。

科研先导，示范引领。明天集团坚持科研兴教的理念，营建了立足实践、开放多元、重视交流和教育、教研、科研三位一体的教育科研文化。目前，明天集团承担了十三项北京市学前教育研究会规划课题，九项海淀区教育规划重点课题，北京市教育科学“十三五”规划课题“幸福教育视域下幼儿园综合改革实践研究”获准立项，参与的北京市重点课题“协同教育视角下儿童学习品质的培养研究”也取得了阶段性成果。明天集团引导教师积淀、固化和转化教育科研成果，近三年来集团共有四百余篇论文和案例在国家、市、区级教科研评比中获奖，数十篇论文在国家核心期刊发表。

园长有话说：幸福是一种能力

文/张洁琪

幸福是一种能力，付出爱心就能感受到幸福，这是幼教职业特点带给我们的幸福，感恩关爱就能收获到幸福。这是明天集团幸福组织赋予员工的能量，沉浸式工作能修炼幸福力，十幼铁路园用集团倡导的工匠精神面对每项工作后，老师们逐渐呈现出专注带班、心无旁骛的工作态度，抱怨少了，正向语言多了，心态越来越好了，幸福力提升了。雷海环总院长说，教师是天底下少有的通过工作就能够修炼幸福的职业。作为执行园长，我愿在明天集团这艘航母上，努力引领团队修炼一生的幸福，共赴幸福高地。

园长有话说：做有担当的管理者

文/吴景春

作为明天集团的一名执行园长，就要有责任、有担当。在集团文化的浸润下，我经历着、成长着，逐步体验到自己存在的价值感。雷海环总院长带给我们一次次爱的礼物——管理培训课程，使以前不自信的我，成长为愿意提高自身专业素养与管理技能的管理者，成长为敢于担当、勇于负责的执行者。做任何事情时，我都尝试运用PDCA的科学管理程序：计划、实施、检查、行动，使我的思维方式和工作方法更加系统、更有条理，提高了工作执行力。在管理工作中，我认真践行集团“精、细、实”的管理文化，管理方法追求精，认真梳理、客观分析，制订具体详细的规划方案，分阶段落实工作任务，标准明确、责任到人；管理流程上追求细，从细节入手，从小事做起，不弃末微，深入一线具体指导，主动发现真问题，在分析沟通中勤思考，在交流互动中提假设，在验证改进中促提高；管理效果上追求实，强化责任主体意识，推动园所工作的各项目标与措施高效落实，达到满意的效果。

园长有话说：多元培训引领团队成长

文 / 王丽

近五年来，明天集团幸福型组织建设通过整合文化、管理、专业等各领域的专家学者，为集团管理队伍、教师队伍等各层级进行了丰富多彩的多元培训，以培训引领团队综合能力的快速成长，在短期内扫清了盲点，把握了重点，突破了难点。通过幸福型组织的建设，让团队凝心聚力，让思维精进优化，让理念更新落地；通过幸福型组织的建设，用感恩之心传递幸福文化，让幸福文化根植于每个明天人的心田。

园长有话说：实现全面成长

文 / 唐亚彬

文化建设方面，园所文化富有了生命力，实现了从物本位转向人本位的转换，文化内涵更加丰富，文化氛围更加生动，文化建设更加顺畅。

团队建设方面，每个人在懂得了珍惜和感恩的基础上，体验到了成长的快乐，团队建设拥有了自推动、自修复能力，造就了有温度、有气度、有高度的园所氛围。

个人成长方面，通过国学课堂，用先贤的智慧，借助巨人的肩膀，成就自我的成长；通过幸福课堂，掌握了向精细化管理要质量、向规范和标准要质量，提升工作效能的方法与策略，成就了管理者角色的转变。

园长有话说：创造幸福，体味幸福

文 / 马欣

“文化润泽生命，幸福成就明天”让我感悟到集团的发展，是用它的文化作为引领，让我们转心转念，点亮我们心中向好、向上的心灯，开发人的潜能，激励人的干劲，让园所和个人得到成长，最终让孩子受益。同时，也让我体味到一种成长的幸福，集团行动学习、大型活动的开展，都是智慧启迪智慧、思想升华思想的过程，让我们有奋斗的目标，用一种精神引领精神，滋养我们的人格，让我们在经历成长、看见成长的过程中，创造幸福，体味幸福。

园长有话说：绽放幸福之花

文 / 李萍

在明天集团“求真、立美、至善”核心价值观的浸润下，幸福的种子绽放出幸福之花。融教育性、文化性、艺术性为一体，用富有园所特色的环境及优质的办园条件为幼儿和教师的发展营造了幸福的空间；专家引领、园本研修、行动学习为教职工的专业成长提供了幸福的沃土；心智模式的改变、幸福视窗的养成让教职工成为幸福的感知者、分享者、创造者和传递者，肩负书写集团篇章的使命，每一位教职工都自律、自觉，力争成为明天文化的金名片。

家园共育筑幸福

明天集团倡导文化的全员参与，将幼儿、教师和家长都吸纳到明天文化的建设中来，建设了围绕核心价值理念的各个层面的文化子系统，例如明天集团将《弟子规》的学习从园长延展到教师，从教师延展到幼儿，从幼儿延展到家长。幼儿将《弟子规》的文化精神带回家庭，传播和弘扬了传统文化中的优秀元素，实现了以文正心、以文正行、以文促教、以文促学的教育目的。加强学校和家庭之间的联系，建立经常性的双向沟通机制，开展家校共育活动，对提高教育成效具有积极的意义。幼儿园借助信息媒体平台，能够实现及时便捷的互动，这为家校沟通提供了较好的路径。通过多种途径，构建立体化的信息平台，强化了与家长的沟通交流。

家长心声：牵手扶行始登程，人生路上第一师

文/吴一凡家长

写下这篇小文的标题时，我眼前浮现的是孩子入园时蹒跚迈进园门，背着书包的小小身影。迎接她的是人生的第一个开学典礼，隆重、热闹而又温馨，让孩子和老师、孩子和孩子之间很快感受到大家庭的亲切和自然。一转眼，孩子就要成为中班的小姐姐了，她习得了良好的生活习惯，知道了如何与同伴协商合作，懂得了调节控制自己的情绪，这些成长与发展都来自园方组织的各项活动所给予的机会和平台，更是从老师们在日常生活、教育教学中的言传身教而来。全体明天二幼的老师们，为孩子们领好路，是孩子们的首席导师团。而这一切，都在回答着家长们非常关心的一个问题——什么样的幼儿园是好的幼儿园？站在父母的角度，我认为明

天二幼很好地诠释了这个问题的答案。

第一，良好的教育理念和方法。办园理念是一个幼儿园的灵魂，家长会上，园长细致专业地将园所的办园理念对全体家长进行解释，并且也分享了各个方面的专业指导建议，让我们感受到园方办园理念的先进和专业，给家长吃了一颗定心丸。在随后的各项活动中，如水墨画教育教学研讨会，邀请家长和孩子走进真实美好的幼儿水墨世界，让我们在行动中感受到“至善、至美、至真”的办园理念。

第二，既专业又有亲和力的老师。每天早上，在幼儿园的大门口，有穿戴整齐的保安叔叔维持入园秩序，有笑容可掬的保健和保教主管为孩子进行晨安接待和身体检查，班级老师们早早来园，活力四射、精神饱满地带着孩子们做游戏、锻炼身体。从早上到下午，她们全心全意、无微不至地照顾每一个孩子，解答家长的各种疑难问题，安抚家长的焦虑心情，无论是保教保育还是家长工作都精心精细、专业到位。我家孩子有一段时间在情绪把控上有问题，老师及时和我交流，将孩子近期的表现全面细致地告诉我们，并给出专业独到的家园共育建议和方案，我们协调配合，让孩子的问题得到疏导、缓解，从而培养她对自我情绪的把控能力，这对孩子的成长来说是非常重要的。老师的及时关注和反馈，便是最为科学有效的家园共育。

第三，这里有拓宽幼儿视野，提升幼儿生命体验的课程活动。明天集团有宽广的视野，二幼有贯彻理念的行动力和执行力。在幼儿园里，每天，孩子们都有美好的体验。教师节时孩子们知道要尊重老师，感恩节时孩子们会感恩生活，在新年活动中，孩子们体验了祥和、美好、欢乐的节日氛围，还有让每一个妈妈感动到掉眼泪的“三八”妇女节，亲子同乐打水仗的“六一”儿童节，这些都将成为孩子童年的宝贵财富，成为他们长大后让嘴角上扬的美好回忆。

第四，顺畅的家园沟通平台。孩子的健康发展离不开园方和家长的良性互动，明天二幼从园长、保教干部到班级老师都始终以平等、民主的姿态和家长进行沟通，让我们感受到了亲切、自然和对彼此的尊重。无论是平时早晚接送孩子、还是在微信平台上，我们都感受到老师将孩子的在园时光与家长分享的用心；每一个值得纪念的日子，都能收到班级老师用心制作的一个个精美的小视频、相册等，给家长数不清的惊喜和感动。家长会上，老师全面细致地带家长回顾孩子们走过的路，让家长惊叹老师的用心记录和陪伴。

“鲜花感恩雨露，因为雨露滋润它成长；雄鹰感恩长空，因为长空让它飞翔；高山感恩大地，因为大地让它高耸”；作为学龄前幼儿的家长，我们感恩能够加入这样一个大家庭，在这里，我们感受到了专业幼教人专注和专心的力量！

家长心声：为了每个孩子的明天

文/游清淳家长

从2015年9月开始，
“明天”成为我家的常用词。
颠覆对幼儿园的传统印象，
满足对幼儿园的全部幻想。

吃得好，玩得好，学得好，
明天十幼就是我心中的三好幼儿园。

当起跑线成为大人的忧虑，
我们每一个人都不能免俗。

我，一个教育媒体人，
用挑剔的眼光审视着幼儿园的一举一动。

但，我挑不出毛病，
反而从观察者变成了参与者，
我信服老师说的每句话，
只因笃信，
明天真的是为了孩子们的明天。

忘了是谁说过，
家长要跟孩子一起成长，
明天十幼给我们提供了必要的指导，
注重家园共育，
引导大人尊重孩子的发展规律。

我珍藏着孩子从小班至今所有的幼儿园画作，
在我看来，
那比凡·高的画作珍贵，
比牛顿的苹果更具创造力。
它远比学会拼音，
会说英语更具童年特色。

今年“六一”，
幼儿园组织的“爸爸，游戏吧”，
为忙碌的爸爸们创造亲子时刻，

玩游戏，折飞机，
当爸爸们跟孩子们打成一片，
留下的不仅是童年的欢笑，
更有终生难忘的亲子记忆。

孩子是家庭的希望，
国家的未来，民族的明天。
明天十幼不流于功利，
避免学前教育小学化，
真正践行学前教育三年行动计划。

我庆幸，
孩子进入明天学习；
我羡慕，
孩子在明天享受到这么好的学前时光；
我感动，
孩子拥有一群无私善良、师德高尚的老师妈妈。

明天，
为了每个孩子的明天，
明天，
我们共同的明天，
明天，
希望你的明天更美好。

家长心声：幸福在明天

文/赵祎航家长

最近一段时间，我发现孩子变得开朗、懂事，好像突然长大了一样。我看着儿子，问他在幼儿园幸福吗，他立刻答道："幸福啊！"是啊，我想，他无疑是幸福快乐的！

翻开微信，群里有老师拍摄的孩子在幼儿园的生活照片，我仔细浏览着，不禁思绪飞扬……

照片中，孩子们背着小书包来到幼儿园，向园长和老师问好，和家长们挥手再见，家长们看着孩子这么懂礼貌，露出欣慰的笑容……

照片中，孩子们正在做操，大家排着队，伴随欢快的音乐，挥着胳膊迈着腿，太阳公公看着大家做早操，露出会心的笑……

照片中，孩子们正在上活动课，有人在玩魔方，有人在搭积木，有人在玩孔明锁，有人在拼模型，大家仔细地操作着，认真的脸上满是专注的神情。

照片中，孩子们正在吃饭，大家整齐地坐在座位上，每人面前都有厨师精心制作的营养餐，大家吃得香甜可口，喝完牛奶的嘴边还有一个白色微笑……

照片中，孩子们的"六一"儿童节活动丰富多彩，大家一起打水仗、吹泡泡、休闲阅读，还有水彩画、木偶剧、消夏晚会等活动，大家玩得开心极了，每个小脸上都挂着微笑……

照片中，孩子们在照毕业照，大家穿着毕业礼服，勾着手，搭着肩，摆着各种有趣的造型，发挥着自己的创意，留下美好的瞬间，留下灿烂的笑容……

在幼儿园，孩子们收获了快乐和童趣，收获了知识和理想，收获了成长，收获了幸福。这一切都要感谢幼儿园的领导和老师，你们辛勤的付出，挥洒的汗水，赋予了孩子们无限的未来和可能，孩子们的成长离不开你们！

展望未来，希望孩子们能够继续保持阳光和快乐，继续探求和学习，为幸福的童年做出完美的注释。

家长心声：宝宝，你真的长大了！

文/陈思达家长

俗话说，三岁看老。这个时期孩子心智的各个要素，包括感觉、认知、语言、想象，如同刚破土的嫩芽，开始蓬勃生长，所有的好习惯、好人格都会在这时开始养成，对人生、对社会的认识及感悟也会在这时生根发芽并扬帆起航。一年前，我的孩子达达刚过完三岁的生日，进入明天七幼沙沟园就读小班。在这里，达达迈出了离开小家庭走向集体大家庭的第一步，从懵懵懂懂到机敏聪慧，从娇嫩软弱到坚强自信，从跌跌撞撞到步履铿锵，这一年中收获了幸福、快乐和成长。

跟许多家长一样，在孩子刚迈入幼儿园时，我曾担心他不能适应新环境。最初的几周，达达也确实产生了焦虑，每天早晨，当我狠心离开教室的时候，身后总是伴随着孩子们哭声汇成的童声大合唱。这时，小三班的老师们说的一句话让我记忆犹新："孩子交给我们，我们有办法。"果然，在黄老师、王老师、高老师三位老师耐心细致的呵护与无微不至的关怀下，达达顺利度过了适应期，很快适应了幼儿园集体生活的节奏。后来的日子里，达达每天都有新的进步。

达达的进步，首先体现在自理能力大大地提高了。在老师们的引导下，达达不仅完全解决了大小便、吃饭、穿衣、刷牙等问题，并且展露出好为人师的倾向。一天放学，达达发给家里每个成员一块湿抹布，让我们两人一组打扫卫生，他担任指挥，一会纠正这个的姿势，一会表扬那个的表现，原来这是他在幼儿园学到的新本领。现在，每当家里大扫除，达达都是最积极的排头兵，提着小水桶，挥着小抹布，干得欢快无比。

达达的进步，还体现在对幼儿园的认同与依赖上。每个孩子都是一本独特的、既耐读又不易读懂的书，需要用爱心、耐心和慧心去细细品读。在明天七幼沙沟园，老师们用爱走进孩子们的内心世界，通过心与心的交流，激发孩子们内心的认同，继而感受到幼儿园生活的快乐。每天清晨，值班老师和保健老师都在校门口迎接孩子们，伴随一声声清脆的“早上好”开始美好的一天；每天用餐，小朋友们轮流当小组长和送餐员，这让达达既兴奋又期盼，不仅体验到为集体服务的快乐，更增强了自律意识；“六一”儿童节，达达和爸爸参加了“爸爸，游戏吧”的活动，度过了酣畅淋漓的亲子时光，增进了亲情，留下了一段弥足珍贵的回忆。

此外，达达的进步在认知水平、语言能力、观察分析能力的提升上也有体现。入学后，达达每天放学回家都会讲述幼儿园里发生的故事，这成为了家里的保留节目；他会表演幼儿园里新学的歌舞，童声稚语、载歌载舞；会在秋天收集地上的落叶，在春天观察种子的生长；会用画笔描绘出稚嫩纯真又丰富多彩的世界；会从家里带胡萝卜和青菜给幼儿园的小兔子加餐。最近，他郑重其事地跟我说：“去超市买东西要看清楚保质期，如果吃了过期的食物会生病。”三岁的孩子，能有如此的记忆力、观察力和表达力，我忍不住要为他鼓掌，更要为明天七幼沙沟园先进的教育理念、优质的保教工作、特色彰显的生态课程、敬业乐业的教师团队点赞。

师哉师哉，桐子之命。在七幼沙沟园老师们的精心呵护下，我的达达养成了自信、乐观的品质，学会了独立、自理的生活技能，体味了精彩纷呈的童年时光。

第七章　幸福型组织建设未来规划

回顾往昔，满满幸福；展望未来，幸福满满。

——雷海环

当前，我们的伟大祖国已经进入了“十四五”发展时期，随着全球经济、文化、教育各领域的发展，很多国家逐渐意识到学前教育对人身心发展的重要影响和巨大的社会价值，这使学前教育受到前所未有的重视。我国国务院2010年发布的《关于当前发展学前教育的若干意见》中也明确提出要把发展学前教育摆在更加重要的位置，先后出台了学前教育三年行动计划，从政策、资金、师资等各方面对学前教育进行大力扶持。在当前学前教育改革与发展的环境下，公办幼儿园势必要承担起示范作用，因此面临着提高教育服务能力、强化教育质量、提高管理成效和扩大优质教育等诸多方面的问题。而为了解决这些问题，我们认为幸福型组织建设就是明天事业发展的动力和载体！

我们本着客观的态度和发展的眼光，应用SWOT分析法（态势分析法）对幸福型组织建设的成效和问题进行了全面的梳理，对幸福明天进行了新的蓝图展望。

SWOT帮助我们分析问题

我们应用SWOT分析法对明天集团的优势、劣势、机遇和挑战进行了全面的分析与梳理，找到问题的关键点，探究问题的根本原因。

优势（Strengths）	劣势（Weaknesses）
1.集团化管理优势：幼儿园立足集团化办园的自身特点，形成特定的组织管理体系，不断优化管理职能，发挥集团化管理在教育发展中的积极作用，明确岗位职责，提升规范办园的水平，展现集团教育的高品质 2.院长引领优势：明天集团的雷海环总院长扎根学前教育多年，拥有丰富的执教和管理经验。作为集团领航人，总院长充分发挥引领作用，在传承优良园所文化的基础之上，不断吸收国际化理念精髓，坚持思想与专业双提升，严格与宽容并行，完善内容，提升品质，引领集团向更高水平发展 3.环境设施优势：幼儿园硬件设施完善，配备齐全的办公设备、教学设备和玩教具，为教师工作和幼儿发展提供了物质保障；户外场地开阔，绿化布局合理，遍植多种可观赏、采摘的树木，为师幼发展营造了良好的环境氛围 4.师资队伍优势：幼儿园拥有一支富有责任心和进取心的优质教师队伍。每位教师由心出发，热爱工作、热爱生活，在自己的岗位上发挥各自的特长，不断学习进取，提升自身能力和专业素养 5.地域资源优势：海淀区具有得天独厚的自然风光、浓厚的文化氛围，坐拥先进科技、生态、经济等丰富资源。明天集团以此为契机，广泛开展科研培训和相关活动，拓展多维度、立体化的教育空间，带动教学水平提升，推动集团整体发展	1.集团文化有待进一步深入梳理：集团文化已经初步形成，但是尚存在园所理念说法不一、目标不清晰的情况，还需要把握着力点，理清思路，明确方向，并在新时代的背景下做进一步的发展和提升，充分发挥文化的引领作用，在集团各园中达成思想共识，增强集体凝聚力 2.分园文化表述有待进一步清晰：目前，各个分园还未能形成自己清晰的文化表述，需要在集团文化引领下，进一步厘清总园与分园文化的主体性和多元化的问题，构建明确的、具有园所特色的文化体系 3.课程体系有待进一步完善：明天集团经过研究和实践，初步形成了独具特色的园所课程，但还需要在此基础之上，进一步挖掘课程资源，丰富课程形式，对课程体系进行完善和优化。与此同时，还需要结合各园实际，制定切实可行的实施策略，保障课程实效 4.文化视觉系统有待进一步丰富和开发：在构建文化理论体系的同时，集团还需要进一步丰富和完善视觉形象、宣传物料和文化产品等，将文化理念向物质形态转化，丰富并形成完整的视觉识别系统，以内涵丰富的文化产品传递集团信息，树立品牌鲜明形象，在集团内外、教育界及社会各界达成共识，提升凝聚力和感召力，打造明天集团的品牌效应

续表

优势（Strengths）	劣势（Weaknesses）
6. 家园共育优势：幼儿园秉承协同教育观念，有序组织家园共育工作，通过家长会和家委会的形式，帮助家长建立正确的育儿观。同时，积极开展家长助教、亲子运动会、半日开放等丰富多彩的亲子互动活动，帮助家长了解幼儿的生活，理解幼儿的心境，共同助力幼儿各方面的发展	
机遇（Opportunities）	**挑战（Threats）**
1. 区域标杆，示范辐射共发展：明天集团经过多年的奋斗，在教育、科研、生态、师资等诸多方面获得优异成绩，逐步发展成为区域标杆，集团的知名度和美誉度不断提升，家长的满意度不断提高，各幼儿园也充分发挥了区域示范作用 2. 教育窗口，对话世界促交流：明天集团凭借海淀区的国际交流便利，多次与国外的幼教工作者开展国际教育交流，成功承办了教育部的“全国学前教育宣传月”活动和“一带一路”教育高端论坛等重要活动，充分发挥教育窗口作用，促进与世界的交流与合作	1. 如何处理好规模与质量的关系：从个体幼儿园到多所幼儿园形成的集团园，在规模扩大的同时，还需要考虑整体办园质量和教育水平的问题。集团需要从宏观的角度，把握各园之间的水平差异，调控资源、挖掘内涵，实现环境、师资、文化等的全面优化，形成“1+1＞2”的良好效应，推动集团整体办园质量的提升 2. 如何处理好共性与个性的关系：在实施集团化管理的过程中，集团一方面要建立共同愿景，统一指挥，步调一致，同时，还要充分考虑到各园的不同水平和个性，因园制宜、因势利导，实现共性与个性的有机结合，激发园所活力，实现各美其美、和谐共生的良好局面

我们的原则

人是第一位的

坚持以人为本的原则打造幸福型组织。一是以幼儿为本，以幼儿全面发展的需要作为集团工作的出发点，尊重幼儿的人格和权利，尊重幼儿身心发展的规律和学习特点，教师应成为幼儿学习活动的支持者、合作者、引导者，为每位幼儿提供适宜的学前教育；二是以教师为本，即以教师专业发展和幸福人生的需要作为集团工作的出发点和归宿点，尊重教师的人格和权利，满足教师发展的需要，搭建教师展示才华、发挥才能的平台。

保教质量是核心

以立德树人为根本目标，以明天集团的内部因素作为动力和资源，通过多方面的改革实现幼儿、教师和园所的发展。第一，建立以教育质量为导向的管理制度和工作机制；第二，加强集团特色课程和幼儿园园本课程建设；第三，注重教师培养，提高教师队伍整体水平；第四，尊重园所个性，发展各幼儿园的教育特色；第五，建立和完善以发展与质量为导向的评价体系。

只有变化才是永恒的

在明天集团，事业发展要注重发挥创新精神，推动集团办学体制、管理体制、人才培养体制的改革创新，要探索、实验、提炼和研发，注重教育标准的建立，推进幼儿园智慧教育的发展，增强教育发展活力。

正是交流协作推动了进步

充分发挥集团集约化管理的优势，强化各园的特色发展，推动教育质量的快速提升。第一，强化集团的核心价值系统，同时确保各园所的特色建设；第二，强化集团的整体性系统设计，同时关注各园所的局部特点；第三，强化集团的统筹协调，同时保持各园所的自主调整；第四，强化集团的资源配置，同时兼顾各园所的个性化需求。

我们是明天人

要承担更重更大的社会责任，注重发挥优质幼教资源的辐射作用，推动区域学前教育均衡发展，提升学前教育国际化水平，推广集团在教育、管理方面积累的成功经验，进一步塑造明天集团的品牌，提高明天集团的国内、国际影响力和竞争力。

我们的思路

系统推进“一体三核式”集团文化精神内核挖掘提炼工程、“一主多元型”园所文化战略体系梳理构建工程、“一点多面式”文化形象品牌定位推广工程，以三大工程促进明天集团优质均衡地发展，带动区域内不同层次园所间的共同发展。

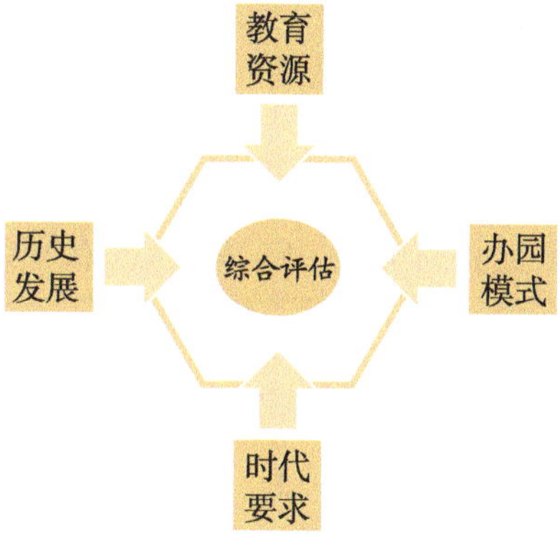

“一体三核式”集团文化精神内核挖掘提炼工程

集团化办学是现代教育发展的一种趋势，也是教育均衡、优质发展的一种路径。做好集团化办学工作，要遵循教育规律和办学规律，明确核心精神的引领，就像圆规画圆，必须要有坚定的中心，才能画出圆满的形状。

明天集团作为一个拥有十九所分园的教育集团，必须明确精神文化引领，才能够凝心聚力，使园所形成一个教育发展的共同体。然而，虽然明天集团提出了“幸福文化”主题与“求真、立美、至善”的核心价值，但是并没有厘清他们之间的关系，“幸福文化”与“求真、立美、至善”之间的关联性及必然逻辑表述不明确，挖掘也不够深入。

因此，调研组深挖幸福的文化维度、文化特征，全方位解读“求真、立美、至善”，寻找二者的连接点，并结合当下社会对教育的需求，开展“一体三核式”(“一体”指“幸福文化”,“三核”指“求真、立美、至善”）集团文化精神内核挖掘提炼工程，优化整合集团内部文化资源，注重优质园所文化在集团内的培植和发展，不断丰富集团文化建设内涵，形成集体的“幸福文化”品牌。

“一主多元型”园所文化战略体系梳理构建工程

集团化办学的特殊性，要求明天集团要处理好总园与分园的关系。一个优秀的集团一定是从一所优质的幼儿园开始的，如何将一个优秀转化成多个优秀，是集团化办园的核心目标。

和实生物，同则不继。调研组深刻地意识到，如果完全一致，则无法发展、继续。因此，必须正确地处理一体化与多元化的关系，开展好“一主多元型”园所文化战略体系梳理构建工程。即在总园文化定向下，各个分园结合地域文化，进行特色定位，做到共同文化与个性文化的有机结合，集团总体目标与学校个性化目标的有机结合，实现文化同源、发展开源的“一主多元型”发展。

“一点多面式”文化形象品牌定位推广工程

文化建设包括精神层面、实践层面、视觉层面三个部分。一个完整的集团文化体系应该是立体的、全覆盖的，不仅要作为一种意识形态而存在，还需要转化为物质形态，以具体的形象向外界彰显和传达。

“一点多面式”文化形象品牌定位推广工程，旨在以“幸福文化”为核心点，融合文化创意元素，通过文创产品、画册图影、视频宣传、舞台艺术、标识系统等现代表现手法，将无形的文化呈现出来，多维度、立体化地传播集团精神，树立集团形象，提升集团的美誉度和影响力，促进集团品牌化发展。

我们的蓝图

明天集团的幸福型组织建设可以看作是明天事业二次腾飞的有效载体，也是全面文化变革的根本途径与方法。因此，幸福型组织的发展实际上就是明天集团化办园综合改革的实践，在未来的五年，我们将借助幸福型组织建设的良好契机，从以下方面来推进集团各方面工作的进步。

幸福型组织建设在路上

建成以“求真、立美、至善”为核心价值的“幸福文化”体系，包括完整的理念识别系统、行为识别系统和视觉识别系统。发挥文化建设在五个方面的主要作用：一是成为团结、凝聚全体明天人智慧的精神核心；二是成为引导、激励全体明天人的行动指南；三是成为全体明天人幸福快乐的精神家园；四是成为明天集团的品牌文化标签；五是成为明天事业发展的开放载体。

集团化管理的核心在于幸福

以幸福型组织建设为主线，建成横纵一体、矩阵分布的集团化管理体制，重点解决组织管控能力、资源配置能力和教育发展能力这三大管理难题，从文化管理、组织管理、战略管理和执行管理四个方面来进行突破，形成直线职能式与矩阵式相结合的组织管理体系，实现总部与幼儿的职能优化，把总部建设成规划协调中心、教育科研中心、资源配置中心、支持服务中心和品牌宣传中心，更好地发挥集团化管理在教育发展中的优势作用；把幼儿园建设成教育实践中心、社会服务中心和价值实现中心，实现幼儿园的优势互补。

幸福团队成为根本力量

整合党政工团的力量，提高党员、干部、教师的建设水平，建设成以管理层级为纵轴、以专业分工为横轴的涵盖教师、保健、保育、后勤等全部岗位的培养体系，打造一支具有深厚教育情怀、具有强烈责任意识、具有感恩仁爱之心，与集团同呼吸、共命运的团队；培养一支既具专业素养，又具管理能力，尤其是具有高效执行力的管理团队；培养一支具有高尚师德修养，教育观念新、知识视野宽的专业型、研究型的教师队伍，实现青年教师学历水平和成长速度，骨干名师数量、业绩、影响力，其他专业人员专业技术职称或者执业资格的关键指标要高于市级示范园的平均水平。打造一支高素质的、具有较高幸福胜任力的明天团队是我们的目标。

坚持保教内涵发展道路

建设符合幼儿教育规律且具有教育优势和特点的集团化保教体系，尤其是结合新冠肺炎疫情常态化防控的要求，完善新冠肺炎疫情防控背景下的幸福保教体系建设。一是形成创新型的管理思路，建立起统筹兼顾的保教管理模式，实现对保教部支持和服务职能的持续优化，实现保教常规体系的科学化与规范化；二是树立园所特色管理新理念，探索特色管理模式，深入特色与各领域教育的融合，完善特色课程建设；三是注重教育过程，面向全体幼儿，热爱幼儿，坚持积极鼓励、启发引导的正面教育，建立起高标准的保教常规体系；四是注重教育环境建设，创设与教育相适应的良好环境，为幼儿提供活动和表现能力的机会与条件。

教育科研是先导

围绕“求真、立美、至善”的核心价值，建设成为具有集团化办园特色的教育科研发展体系。一是本着“问题即课题”的原则，让科研走进教育实践现场，将教师工作转化为教育科研现场，提高教育科研与教育实践之间的契合度，逐步形成教师“学习、实践、研究”的工作新模式；二是建设集团总部与所属幼儿园联动的科研体系，构建较为完善的科研网络，创出集团教育科研“引领、整合、示范”的工作特色；三是优化集团教育科研工作的“挖掘、探索、助推”功能，使教育科研成为提高保教质量新的生长点，成为提升教师素质新的支撑点，成为幼儿园特色发展新的升华点。

一流的后勤保障体系

打造适合集团化管理需要的现代后勤支持、服务和管理体系。一是提高集团化的资源配置能力，优化资源的利用效率，构建适应市场经济规律、符合现代化办园规律的新型后勤保障体系，建立具有集团特色的后勤管理的规章制度和业务流程，逐步实现后勤保障的社会化、专业化、集约化；二是提高后勤体系的整体服务能力，建设一支专业化的后勤管理团队，确立后勤服务新标准，优化集团总部、幼儿园、服务公司三方协同的后勤服务机制；三是提高集团后勤管理能力，推进后勤管理的信息化水平，建立权责统一的项目管理新模式，完善基础建设、校园安全、能源节约、装备等管理机制，争创国家级的美丽校园、平安校园和节约型示范学校，为明天幸福型组织建设提供坚实的后勤保障。

发挥示范引领作用

明天集团以幸福型组织建设为载体，充分发挥优质教育资源的辐射，进一步去扩大明天集团幸福教育和幸福文化的影响范围，从以下几个方面入手：一是进一步推进北京市中外友好幼儿院、怀柔分园、国际幼儿园及海淀区实验幼儿园的办园工作；二是进一步落实回天工程，加强市域范围内的学前教育交流；三是进一步推进跨区域的手拉手帮扶工作，推进幸福教育文化在全国范围内的传播。